やろうよ
ミニバスケットボール

はじめに

バスケットボールは、相手《あいて》と競《きそ》い合《あ》うチームスポーツですが「相手《あいて》に勝《か》つ」ことより、もっと大事《だいじ》なことがあると感《かん》じます。

バスケットボールって楽《たの》しい！

１人《ひとり》でも多《おお》くの子《こ》どもたちにこのように思《おも》ってもらえるように、私《わたし》はバスケットボールを指導《しどう》しています。

もしすぐそばにボールとゴールがあるなら、シュートをためしに打《う》ってみてください。決《き》まったか、はずれたかは別《べつ》として、なんだかワクワクしてきませんか？

隣《となり》に友《とも》だちがいるなら、ボールをとられないようにシュートを決《き》めてみましょう。決《き》まれば楽《たの》しいし、友《とも》だちにボールをとられたら「次《つぎ》こそ決《き》めるぞ」という気持《きも》ちになりますよね。バスケットボールはそういう楽《たの》しさをみなさんに感《かん》じさせてくれるのです。

コート上《じょう》では５人対《にんたい》５人《にん》で行《おこな》われるだけに、難《むずか》しく見《み》えるかもしれません。じっさいに多《おお》くのテクニックがありますが、最初《さいしょ》からすべてをわかっておく必要《ひつよう》はありません。１人《ひとり》で楽《たの》しむことから始《はじ》まり、友《とも》だちと遊《あそ》んだり、２人《ふたり》対２人《ふたり》、３人対《にんたい》３人《にん》のゲームを楽《たの》しむだけで十分《じゅうぶん》なのです。

そこで本書《ほんしょ》では、試合《しあい》で勝《か》つという目的《もくてき》だけでなく、「バスケットボールを楽《たの》しむ」ことをメインテーマに、いろいろなテクニックや練習法《れんしゅうほう》、そして「遊《あそ》び方《かた》」を紹《しょう》介《かい》していこうと思《おも》います。

西山《にしやま》　充《みつる》

この本《ほん》の使《つか》い方《かた》

みなさんに身《み》につけてもらいたい「きほん」から順番《じゅんばん》に並《なら》べてあります。１章《しょう》ずつ進《すす》んでください。どれも右《みぎ》ききをモデルにしています。左《ひだり》ききの人《ひと》は左右《さゆう》入《い》れ替《か》えて行《おこな》いましょう。

マークについて

[ポイント]

文字《もじ》通《どお》り、やり方《かた》のポイントとなる部分《ぶぶん》です。

[練習法《れんしゅうほう》]

技術《ぎじゅつ》をマスターしやすい、効果的《こうかてき》な練習《れんしゅう》の紹介《しょうかい》です。

[ここをチェック!]

できているかどうか、確認《かくにん》してほしい部分《ぶぶん》です。

[ワンポイントアドバイス]

練習《れんしゅう》するにあたって心《こころ》がけたい部分《ぶぶん》、ポイントなどのお話《はなし》です。

[レベルアップ]

レベルアップするための練習法《れんしゅうほう》です。

目次

はじめに ……… 2

第1章 ボールで遊ぼう …… 7
- ボールの持ち方 ……… 8
- 指を上手に使う ……… 10
- ボールを手になじませる ……… 12
- ボールを引き上げる ……… 14
- ボールで遊ぶ ……… 16
- 低い姿勢でボールをキャッチする ……… 18
- ボールを正確に投げる ……… 20
- 片手でボールを扱う ……… 22
- ボールをすばやくまわす ……… 24
- 8の字 ……… 26
- もも上げ8の字 ……… 28
- 柔軟性を高める ……… 30

壁当てドリブル ……… 32

第2章 友だちと遊ぼう …… 33
- ボールの奪い合い ……… 34
- ボールわたし ……… 36
- サークル鬼 ……… 38
- 腰つなぎ鬼 ……… 40
- 通過鬼と手つなぎ鬼 ……… 42
- コラム① 準備運動のいろいろ ……… 44

第3章 シュートを打ってみよう …… 45
- 基本姿勢 ……… 46
- 両手シュート ……… 48

フリースロー（片手） ……… 54
レイアップシュート（両手） ……… 56
レイアップシュート（片手） ……… 58
バックシュート ……… 60
壁シュート ……… 62

第4章 ボールをつきながら動けるようになろう ……… 63

ドリブルの姿勢 ……… 64
コントロールドリブル ……… 66
ボールをつく感覚を高める ……… 68
アラウンド・ザ・ボール ……… 70
サイドキックドリブル ……… 72
からだをやわらかく使う ……… 74
ツーボールドリブル① ……… 76
ツーボールドリブル② ……… 78
片手高低ドリブル ……… 80
前後ドリブル ……… 82
ドリブルチェンジ ……… 84
バックターンドリブル ……… 86
ロールターンドリブル ……… 88
バックビハインドリブル ……… 90
レッグスルードリブル ……… 92
ドリブル相撲 ……… 94
コラム②シューズの選び方 ……… 96

第5章 友だちにボールをわたそう ……… 97

パスの基本姿勢 ……… 98
チェストパス ……… 100
バウンスパス ……… 102
オーバーヘッドパスとショルダーパス ……… 104
フットワークで相手をかわす ……… 106

第6章 相手の攻撃を止めよう

ディフェンスの基本姿勢 ……… 111
サイドステップ ……… 112
クロスステップ ……… 114
スティール ……… 116
シュートチェック ……… 118
リバウンド ……… 120
コラム③ ルールを少しずつ覚えよう ……… 122

第7章 練習を試合に近づけよう

ゴールから遠い場所の1対1 ……… 124
得点するコツ① スピードの変化 ……… 125
得点するコツ② 左右のフェイク ……… 126
ゴールに近い場所の1対1 ……… 128
得点するコツ③ ステップイン ……… 130
得点するコツ④ シュートフェイク ……… 132
得点するコツ⑤ フックシュート ……… 134

さくいん ……… 136
おわりに ……… 138
著者紹介 ……… 140

第《だい》1章《しょう》

ボールで遊《あそ》ぼう

バスケットボールを持《も》ってみよう

ほかのボールにくらべて大《おお》きくて重《おも》いバスケットボール。どういう持《も》ち方《かた》が正《ただ》しいの？

野球《やきゅう》のボールよりはるかに大《おお》きくドッヂボールなどにくらべて重《おも》い

　みんなによく知《し》られているスポーツのなかで、もっとも大《おお》きなボールを使《つか》うのがバスケットボールと言《い》われています。小学生《しょうがくせい》であるみなさんが行《おこな》うミニバスケットボールは、中《ちゅう》学生《がくせい》や大人《おとな》が使《つか》うものより少《すこ》し小《ちい》さいサイズのボールが使《つか》われます。それでもほかのスポーツにくらべて、大《おお》きくて重《おも》いことに変《か》わりはありません。

　ためしにボールを持《も》ってみてください。野球《やきゅう》のボールよりはるかに大《おお》きく、ドッヂボールやバレーボールにくらべて重《おも》いと感《かん》じるはずです。それだけに正《ただ》しくボールを持《も》つことが大切《たいせつ》なのです。

POINT

親指《おやゆび》と人《ひと》さし指《ゆび》のあいだをしっかり開《ひら》く

▶５本《ほん》の指《ゆび》をしっかりと開《ひら》いて、ボールを持《も》とう。そうすることで、自分《じぶん》が考《かんが》えた通《とお》りにボールを動《うご》かすことができるようになる

ワンポイントアドバイス

ボールは指《ゆび》で持《も》つ

手《て》のひらはボールの曲線《きょくせん》にそうように触《ふ》れ、指《ゆび》のはらで持《も》つように。ただし、力《ちから》を入《い》れて強《つよ》く持《も》っていないと相手《あいて》にとられてしまう

５本《ほん》の指《ゆび》を閉《と》じない

５本《ほん》の指《ゆび》を開《ひら》かずに閉《と》じていると、ボールが不安定《ふあんてい》な状態《じょうたい》になる。すると自分《じぶん》が考《かんが》えた通《とお》りにボールを動《うご》かせず、ミスにつながりやすいので気《き》をつけよう

指《ゆび》を上手《じょうず》に使《つか》う

ボールの中心《ちゅうしん》を見《み》つけるボール遊《あそ》びをしよう

ボールに慣《な》れるには楽《たの》しく遊《あそ》ぶのが一番《いちばん》。ボールをたくさん触《さわ》ってください。

指《ゆび》を使《つか》い「ボールの中心《ちゅうしん》」をとらえる遊《あそ》びで楽《たの》しむ

最初《さいしょ》は大《おお》きく感《かん》じられたバスケットボールに少《すこ》しずつ慣《な》れてくると、その大《おお》きさや重《おも》さが気《き》にならなくなってきます。そうなるために大事《だいじ》なことは、楽《たの》しみながらボールに触《さわ》り、いろいろな遊《あそ》びに挑戦《ちょうせん》することです。

そこでおすすめしたいのが、指《ゆび》を使《つか》って「ボールの中心《ちゅうしん》」をとらえる遊《あそ》びです。人《ひと》さし指《ゆび》にボールの中心《ちゅうしん》をのせて、しばらくそのままいられたら成功《せいこう》です。それができたら人《ひと》さし指《ゆび》を使《つか》った「ボールまわし」にも挑戦《ちょうせん》しましょう。また、5本《ほん》の指《ゆび》でボールの中心《ちゅうしん》に向《む》かってつまみ上《あ》げる遊《あそ》びもあります。

POINT

ボールの中心《ちゅうしん》をとらえる

[ボールまわし]

▲逆《ぎゃく》の手《て》でボールに回《かい》転《てん》をかけて安定《あんてい》させる。ほかの指《ゆび》でもボールをまわしてみよう

▲人《ひと》さし指《ゆび》の先《さき》でボールの中心《ちゅうしん》をとらえる

[ボールのつまみ上《あ》げ]

▲5本《ほん》の指《ゆび》でボールをつまむようにして上《あ》げる。きき手《て》（自《じ》分《ぶん》が得意《とくい》とする手《て》）でできたら、逆《ぎゃく》の手《て》でもやってみよう

ワンポイントアドバイス

失敗《しっぱい》を失敗《しっぱい》と思《おも》わない

このようなボール遊《あそ》びで大切《たいせつ》にしてほしいことは「失《しっ》敗《ぱい》を失敗《しっぱい》と思《おも》わない」こと。一生懸命《いっしょうけんめい》ボールに触《さわ》るだけでうまくなっている！

ボールを磨《みが》いたり叩《たた》いたりしてみよう

ていねいにボールを扱《あつか》うだけでなく、ときにはボールを強《つよ》く叩《たた》く遊《あそ》びもやってみましょう。

いろいろなボール遊《あそ》びがプレーを上達《じょうたつ》させる

正《ただ》しいボールの持《も》ち方《かた》を心《こころ》がけ、ボールの中心《ちゅうしん》もとらえられるようになったら、さらにいろいろな触《さわ》り方《かた》をしてみましょう。そうした遊《あそ》びが、バスケットボールのいろいろなプレーを上達《じょうたつ》させてくれるのです。

[ボール磨《みが》き]

▼両手《りょうて》をボールの表面《ひょうめん》にくっつけたまま、磨《みが》くようにして、ボールを手《て》になじませる

[ボール叩《たた》き]

▼腕《うで》を伸《の》ばし、手《て》のひらにのせたボールに向《む》かって、もう一方《いっぽう》の手《て》を振《ふ》りおろして強《つよ》く叩《たた》く

POINT

「パンッ！」と音《おと》が鳴《な》るように

▲ボールを強《つよ》く叩《たた》く

ワンポイントアドバイス

ボールタッチをよくする

ボールを触《さわ》っているときの感覚《かんかく》のことを「ボールタッチ」という。ボールタッチをくり返《かえ》すことでボールの扱《あつか》いに慣《な》れ、自然《しぜん》とバスケットボールがうまくなっていく。いろいろなボールの触《さわ》り方《かた》をして、ボールタッチを上達《じょうたつ》させよう

ボールを上《あ》げ下《さ》げしてからしっかりとつかもう

止《と》まっているボールに対《たい》する動作《どうさ》からボールを大《おお》きく動《うご》かす練習《れんしゅう》に発展《はってん》させましょう。

[ボールのクロール]

▼胸《むね》の前《まえ》でボールを持《も》った状態《じょうたい》から、からだの後《うし》ろにボールを持《も》っていく

[ボールの上《あ》げ下《さ》げ]

▲すばやくもとの状態《じょうたい》に戻《もど》し、逆《ぎゃく》の手《て》でも行《おこな》う

▲胸《むね》の前《まえ》でボールを持《も》つ

▼逆《ぎゃく》の手《て》でもからだの前《まえ》にボールを振《ふ》りおろし、「パンッ！」と音《おと》を鳴《な》らす

▼そこからボールを頭《あたま》の上《うえ》に移動《いどう》させる

ワンポイントアドバイス

水泳《すいえい》の動《うご》きを参考《さんこう》にしよう

からだの後《うし》ろに持《も》っていった腕《うで》を前《まえ》に振《ふ》りおろす動作《どうさ》は、水泳《すいえい》の「クロール」のような格好《かっこう》になる

小《ちい》さな手《て》でもボールを引《ひ》き上《あ》げられる？

前《まえ》のページで紹介《しょうかい》した「ボール叩《たた》き」は、手《て》のひらの上《うえ》で止《と》まっているボールに、逆《ぎゃく》の手《て》を振《ふ》りおろして叩《たた》きました。それができたら、次《つぎ》はボールを引《ひ》き上《あ》げて、そのままボールがない逆《ぎゃく》の手《て》に振《ふ》りおろします。『ボールをつかめるような大《おお》きな手《て》でないと無理《むり》！』と思《おも》わないでください。手《て》とボールとの摩擦《まさつ》を利用《りよう》しながら、指《ゆび》や手首《てくび》を上手《じょうず》に使《つか》うことによって、たとえ小《ちい》さな手《て》でもボールを引《ひ》き上《あ》げることができます。さらに、からだの後《うし》ろに持《も》っていったボールをからだの前《まえ》に振《ふ》りおろす遊《あそ》びもあります。

いろいろなボール遊《あそ》びがプレーに役《やく》立《だ》つことを知《し》ろう

一見《いっけん》、バスケットボールに関係《かんけい》のないように見《み》えるボール遊《あそ》び。でもそのなかで得《え》られることがとてもたくさんあるんですよ！

[タップ]

▲落《お》ちてきたボールをはじく動《どう》作《さ》をくり返《かえ》す

▲ボールをポンと真上《まうえ》に投《な》げる

▲片手《かたて》の手《て》のひらにボールをのせる

ワンポイントアドバイス

シュートに大切《たいせつ》な逆回転《ぎゃくかいてん》

このタップの練習《れんしゅう》で、ボールに逆回転《ぎゃくかいてん》をかけることによって、シュートの練習《れんしゅう》になる。逆回転《ぎゃくかいてん》とは、前《まえ》にはずませたとき、自分《じぶん》のほうにボールが戻《もど》ってくる回転《かいてん》のこと。「バックスピン」とも言《い》われるこの回転《かいてん》が、シュートではとても大切《たいせつ》

POINT

両手《りょうて》をすばやく動《うご》かす

▼いったんボールを放《はな》し、ボールが空中《くうちゅう》にあるあいだに両手《りょうて》を入《い》れ替《か》える

[クロスキャッチ]

▼両手《りょうて》をクロス（交差《こうさ》）させてボールを持《も》つ

バスケットボールのプレーにかかわる遊《あそ》びのいろいろ

　ほかにもいろいろなボール遊《あそ》びがあります。たとえば、両手《りょうて》をクロス（交差《こうさ》）させて持《も》っていたボールをいったん放《はな》し、空中《くうちゅう》にあるあいだに両手《りょうて》を入《い》れ替《か》える「クロスキャッチ」。このような遊《あそ》びを通《つう》じて、手《て》をすばやく動《うご》かせるようになります。

　さらに、バスケットボールのプレーにかかわってくる遊《あそ》びが「タップ」です。タップとは、空中《くうちゅう》から落《お》ちてきたボールをはじくことです。これは空中《くうちゅう》にあるボールを奪《うば》い合《あ》うリバウンドで使《つか》えます。このボール遊《あそ》びに慣《な》れたらボールに逆回転《ぎゃくかいてん》をかけてくり返《かえ》しましょう。

　どの遊《あそ》びでも、慣《な》れてボールを見《み》ないでできるようになると、バスケットボールの上達《じょうたつ》につながります。

低《ひく》い姿勢《しせい》でボールをキャッチする

両足《りょうあし》のあいだのボールをすばやい手《て》の動《うご》きでキャッチ

両足《りょうあし》のあいだにあるボールをつかむには両足《りょうあし》を大《おお》きく広《ひろ》げる必要《ひつよう》があります。その低《ひく》い姿勢《しせい》がバスケットボールには欠《か》かせないのです。

[両足《りょうあし》の前《まえ》で前後《ぜんご》キャッチ]

◀両足《りょうあし》のあいだでボールを放《はな》す

▲低《ひく》い姿勢《しせい》をとり、からだの正面《しょうめん》でボールを持《も》つ

[両足《りょうあし》のあいだでクロスキャッチ]

◀両足《りょうあし》のあいだで、片手《かたて》をヒザの後《うし》ろにクロスさせてボールを持《も》つ

ボールを床《ゆか》に落《お》とさないように両手《りょうて》をすばやく動《うご》かす

両足《りょうあし》のあいだでボールを扱《あつか》うボール遊《あそ》びを通《つう》じて、バスケットボールに必要《ひつよう》となる姿勢《しせい》を身《み》につけることができます。両足《りょうあし》を大《おお》きく広《ひろ》げることによって、バスケットボールの基《き》本《ほん》である低《ひく》い姿勢《しせい》をとることになるからです。

そこで、両足《りょうあし》のあいだでボールを放《はな》し、両手《りょうて》を後《うし》ろにまわしてつかむ「前後《ぜんご》キャッチ」や、ヒザの後《うし》ろにクロス（交差《こうさ》）させた手《て》を入《い》れ替《か》える「クロスキャッチ」に挑戦《ちょうせん》してみましょう。ボールを床《ゆか》に落《お》とさないように、両手《りょうて》をすばやく動《うご》かすことがバスケットボールをうまくさせてくれます。

▼再《ふたた》びボールを放《はな》し、からだの前《まえ》からボールをキャッチ。これをくり返《かえ》す

▼すぐに両手《りょうて》をからだの後《うし》ろへまわし、ボールが床《ゆか》につく前《まえ》にキャッチする

▲ボールが床《ゆか》につく前《まえ》に、すばやく両手《りょうて》を入《い》れ替《か》えてボールをキャッチする

▲その場《ば》でボールを放《はな》す

ワンポイントアドバイス

ボールを見《み》ないでできるように！

このボール遊《あそ》びを初《はじ》めてやる場合《ばあい》、ボールを見《み》てゆっくりやりながら慣《な》れるといいだろう。そこから少《すこ》しずつスピードを上《あ》げていくことに加《くわ》え、もう一《ひと》つ心《こころ》がけてほしいことがある。それは「ボールを見《み》ないで」できるようになること！

からだの前《まえ》から後《うし》ろに、後《うし》ろから前《まえ》にボールを正確《せいかく》に投《な》げよう

正確《せいかく》にボールを投《な》げられることはバスケットボールに役立《やくだ》ちます。その感覚《かんかく》を磨《みが》きましょう。

ボールとの位置関係《いちかんけい》をつかんで正確《せいかく》にキャッチする

バスケットボールでは、得点《とくてん》をあげるためのシュートでも、仲間《なかま》にボールをわたすパスでも、狙《ねら》った場《ば》所《しょ》にボールを投《な》げることが大切《たいせつ》です。そうした感覚《かんかく》を高《たか》めてくれるボール遊《あそ》びもあります。

まずは、からだの前《まえ》から後《うし》ろに向《む》かってボールを投《な》げ上《あ》げて、そのボールを後《うし》ろでキャッチ。そのまま後《うし》ろから前《まえ》にボールを投《な》げ返《かえ》します。一見《いっけん》、簡単《かんたん》そうですが、ボールを正《せい》確《かく》に投《な》げることに加《くわ》え、ボールとの位置関係《いちかんけい》がつかめていないと成功《せいこう》しません。ぜひ、挑戦《ちょうせん》してみてください。

[からだの前《まえ》から投《な》げて後《うし》ろでキャッチ]

◀からだの前《まえ》でボールを持《も》つ

ワンポイントアドバイス

見《み》えないボールをイメージ

目《め》で見《み》えないボールをキャッチしたり、投《な》げたりすることで、ボールの扱《あつか》いがうまくなる

▼両手《りょうて》をすばやく後《うし》ろにまわし
ボールをキャッチする

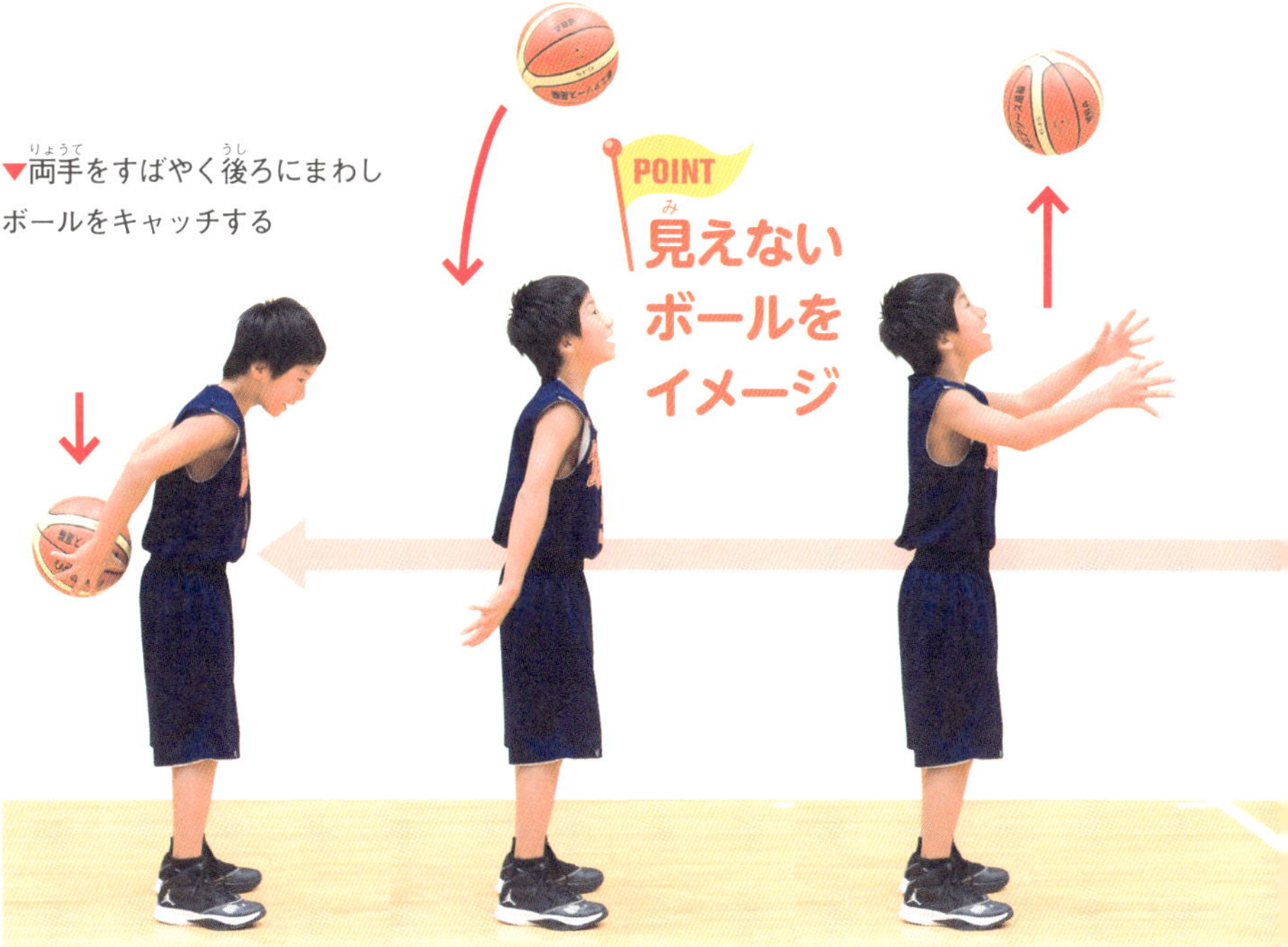

[からだの後《うし》ろから投《な》げて前《まえ》でキャッチ]

▲両手《りょうて》をすばやく前《まえ》にまわし、
ボールをキャッチする

▲ボールが前《まえ》にいくように
頭《あたま》の上《うえ》に投《な》げる

▲からだの後《うし》ろで
ボールを持《も》つ

片手《かたて》で投《な》げ上《あ》げたり転《ころ》がしたりしよう

両手《りょうて》でボールを扱《あつか》うだけでなく、片手《かたて》でボールを扱《あつか》えるようになることが大切《たいせつ》です。

[後《うし》ろから投《な》げて前《まえ》で片手《かたて》キャッチ]

▼からだの後《うし》ろでボールを持《も》つ

▼片手《かたて》でボールを投《な》げ上《あ》げ、前《まえ》にくるようにする

[ボール転《ころ》がし]

▲片手《かたて》でボールを転《ころ》がしながら、前《まえ》に進《すす》んだり、後《うし》ろに下《さ》がったり、あるいは左右《さゆう》に動《うご》いたり、ジグザクに動《うご》いたりしよう。動《うご》くときは低《ひく》い姿勢《しせい》を保《たも》つようにする

片手《かたて》でボールを扱《あつか》うボール遊《あそ》びのいろいろ

　前《まえ》のページでは、両手《りょうて》で投《な》げたボールを両手《りょうて》でキャッチするボール遊《あそ》びを紹介《しょうかい》しました。次《つぎ》に挑戦《ちょうせん》してほしいのが、片手《かたて》でボールを扱《あつか》うボール遊《あそ》びです。

　片手《かたて》でボールを持《も》ち、からだの後《うし》ろに持《も》っていきます。そこからポンと投《な》げ上《あ》げたボールをからだの前《まえ》で、片手《かたて》でキャッチします。これを左右《さゆう》交互《こうご》、リズミカルにできるようになりましょう。

　片手《かたて》のボール遊《あそ》びにもいろいろあります。ボールを転《ころ》がしながら前後《ぜんご》左右《さゆう》、ジグザグに動《うご》いてみてください。チームで競争《きょうそう》すると盛《も》り上《あ》がりますよ。

▶逆《ぎゃく》の手《て》でも行《おこな》う

◀からだの前《まえ》にきたボールを片手《かたて》でキャッチする

ワンポイントアドバイス

足腰《あしこし》も鍛《きた》えられる

この「ボール転《ころ》がし」は低《ひく》い姿勢《しせい》で行《おこな》うので、足腰《あしこし》を鍛《きた》える練習《れんしゅう》にもなる。ボールを転《ころ》がすときは、次《つぎ》のようにやろう

- 手《て》からボールが離《はな》れないように
- 手《て》のひらで動《うご》かすのではなく、５本《ほん》の指《ゆび》で動《うご》かす
- ボールは見《み》ず、進《すす》む方向《ほうこう》を見《み》る

POINT 低《ひく》い姿勢《しせい》を保《たも》つ

首《くび》ーおなかーヒザのまわりでボールをまわしてみよう

ボールをすばやく動《うご》かすことで、相手《あいて》にボールをとられにくくなります。そうした基本《きほん》を遊《あそ》びのなかで覚《おぼ》えましょう。

ワンポイントアドバイス

ミスを恐《おそ》れない！

このページで紹介《しょうかい》したボール遊《あそ》びは、「ボディサークル」とも呼《よ》ばれている練習《れんしゅう》。ボールを落《お》とさないように正確《せいかく》に行《おこな》うことが大切《たいせつ》だが、ゆっくりではなくどんどんスピードを上《あ》げていこう。ミスを恐《おそ》れず練習《れんしゅう》することでうまくなっていく！

ボールが見《み》えないところにあってもミスしないように

自分《じぶん》のからだのまわりで、ボールをまわすボール遊《あそ》びがあります。まずは、首《くび》のまわりでボールをすばやくまわします。次《つぎ》におなかのまわりで、さらにヒザのまわりでもやってみましょう。

一方向《いちほうこう》からだけでなく、必《かなら》ず逆《ぎゃく》からもまわしてください。そしてボールを見《み》ないで、まっすぐ前《まえ》を向《む》いて行《おこな》いましょう。ボールがからだの後《うし》ろにいったときは、ミスをしやすくなります。たとえボールが見《み》えなくても、スムーズにボールを扱《あつか》えるようになりましょう。

▲首《くび》のまわりでボールをすばやくまわし、逆《ぎゃく》にもまわす

POINT ボールを見《み》ないで前《まえ》を向《む》く

▲おなかのまわりでボールをすばやくまわし、逆《ぎゃく》にもまわす

▲ヒザのまわりでボールをすばやくまわし、逆《ぎゃく》にもまわす

8の字《じ》

両足《りょうあし》のまわりでボールを動《うご》かそう

両足《りょうあし》を大《おお》きく開《ひら》いて低《ひく》い姿勢《しせい》をとり、ボールが8の字《じ》になるように動《うご》かしてみてください。

ボールさばきを高《たか》めるためのボール遊《あそ》び

バスケットボールの試合《しあい》では、相手《あいて》にボールをとられないようにいろいろなところに動《うご》かさなければなりません。きき手《て》（自分《じぶん》が得意《とくい》なほうの手《て》）だけでなく、逆《ぎゃく》の手《て》で持《も》つこともあります。それを低《ひく》い姿勢《しせい》のまま、両足《りょうあし》のあいだで行《おこな》うことが多《おお》いのです。そうしたボールさばきを高《たか》めてくれるボール遊《あそ》びが、「8の字《じ》」です。

▲ボールを両足《りょうあし》のあいだに動《うご》かし、後《うし》ろから出《だ》したあと逆《ぎゃく》の手《て》にわたす

文字通《もじどお》り、ボールが「8の字《じ》」になるように両足《りょうあし》のあいだでボールを動《うご》かします。一方向《いちほうこう》の動《うご》きだけでなく、逆方向《ぎゃくほうこう》の8の字《じ》も行《おこな》うこと。慣《な》れてきたら顔《かお》を上《あ》げて行《おこな》いましょう。

ワンポイントアドバイス

アレンジにも挑戦《ちょうせん》！

この「8の字《じ》」ができるようになったら、いろいろなボール遊《あそ》びへとアレンジしよう。たとえば、前《まえ》のページで紹介《しょうかい》した「ボディサークル」とつなげる。首《くび》－おなか－ヒザ－8の字《じ》－ヒザ－おなか－首《くび》……という順《じゅん》にボールをまわしてみる

POINT

低《ひく》い姿勢《しせい》をキープ

▲さらに逆側《ぎゃくがわ》へとボールを動《うご》かし、8の字《じ》になるようにする

▲ボールを後《うし》ろから前《まえ》に動《うご》かす

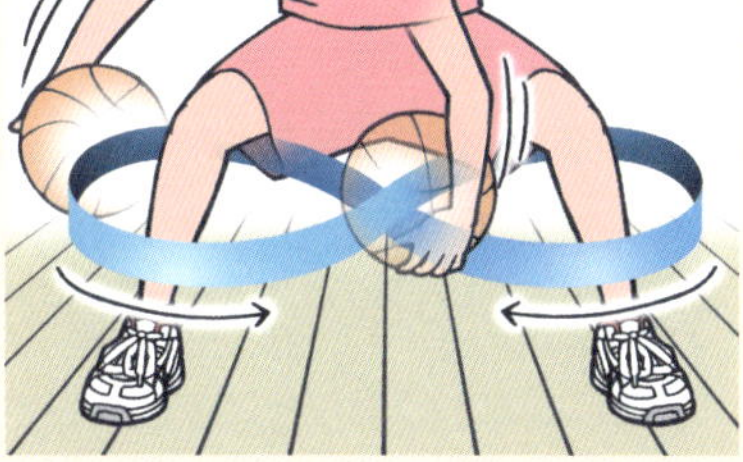

両足《りょうあし》のあいだでボールを動《うご》かしていき、ボールの動きが「8の字《じ》」を描くようにする

ボールをリズムよく動《うご》かせるように ももを交互《こうご》に上《あ》げよう

「8の字《じ》」のボール遊《あそ》びには、止《と》まった状態《じょうたい》で行《おこな》うものと、動《うご》きながら行《おこな》うものがあります。両方《りょうほう》を上手《じょうず》に使《つか》い分《わ》けましょう。

ボールの動《うご》きと、もも上《あ》げのタイミングを合《あ》わせる

前《まえ》のページでは両足《りょうあし》を動《うご》かさず、止《と》まったままボールで「8の字《じ》」を書《か》きました。

そこからさらに両足《りょうあし》を交互《こうご》にもも上《あ》げして、上《あ》げたほうの足《あし》を通《とお》しながら「8の字《じ》」を書《か》きます。

このボール遊《あそ》びでは、ボールの動《うご》

▲からだの前《まえ》でボールを持《も》つ

▲ももを上《あ》げてからだの前《まえ》からボールを通《とお》す

きと、もも上《あ》げの動《うご》きのタイミングを合《あ》わせて、リズミカルに行《おこな》えるように心《こころ》がけることが大切《たいせつ》です。

ボールが通《とお》るようにしっかりとももを上《あ》げ、慣《な》れてきたらどんどんスピードアップしてみましょう。

顔《かお》もしっかりと上《あ》げて前《まえ》を見《み》るのも忘《わす》れずに！

ワンポイントアドバイス

準備運動《じゅんびうんどう》にもおすすめ

この「もも上《あ》げ8の字《じ》」のような、動《うご》きも入《はい》ったボール遊《あそ》びは準備運動《じゅんびうんどう》にもうってつけ。体《からだ》を温《あたた》めながら、ボールの感覚《かんかく》も上《あ》げていくことができる。時間《じかん》や回数《かいすう》を工夫《くふう》してやってみよう

POINT

前《まえ》を向《む》いて リズミカルに

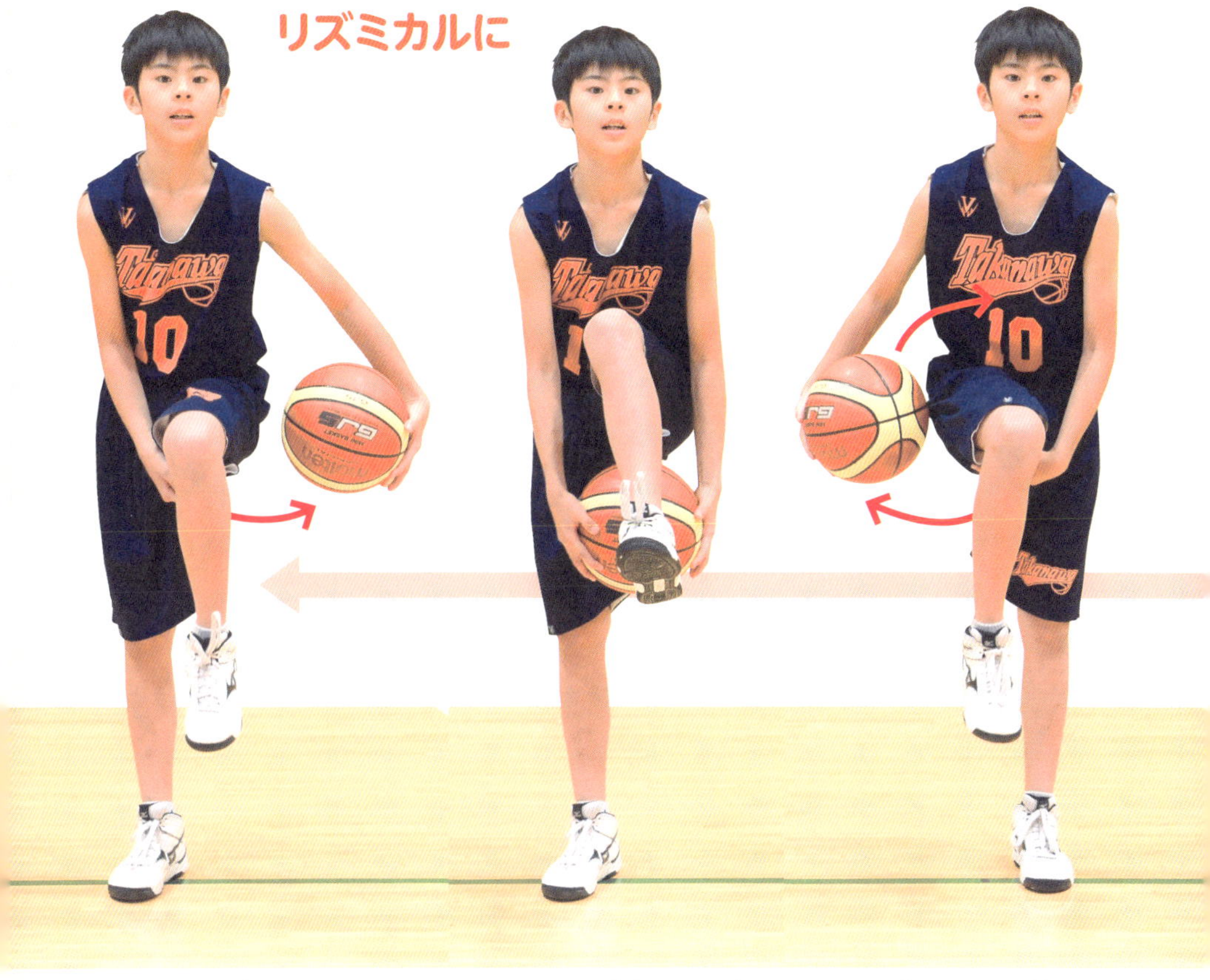

▲8の字《じ》をリズミカルに書《か》こう

▲そのまま逆《ぎゃく》のももを上《あ》げてボールを通《とお》す

▲上《あ》げたももの上《うえ》でボールを動《うご》かす

手首《てくび》と腕《うで》を返《かえ》しながらボールを上《あ》げよう

柔軟性《じゅうなんせい》を高《たか》めるボール遊《あそ》びもあります。ゆっくりとていねいに行《おこな》うことで準備運動《じゅんびうんどう》にもなります。

手首《てくび》や腕《うで》や肩《かた》をやわらかく使《つか》いながらボールを上《あ》げる

ボール遊《あそ》びを通《つう》じて、いろいろな力《ちから》を伸《の》ばすことができます。手首《てくび》や腕《うで》や肩《かた》をやわらかく使《つか》いながらボールを上《あ》げていく遊《あそ》びでは、柔軟性《じゅうなんせい》を高《たか》めることができます。

まずは片手《かたて》の上《うえ》にボールをのせます。そこから手首《てくび》を返《かえ》してボールを

▲片手《かたて》の上《うえ》にボールをのせる

▲手首《てくび》を曲《ま》げながら、ボールを脇《わき》の下《した》へ通《とお》していく

外側《そとがわ》で手《て》のひらにのせ、そのまま腕《うで》と手首《てくび》を使《つか》ってボールを上《あ》げていきます。この動《うご》きを巻《ま》き戻《もど》し、もとの状態《じょうたい》に戻《もど》るというボール遊《あそ》びです。
　これは手首《てくび》、腕《うで》、肩《かた》をやわらかく使《つか》うため、ストレッチ（からだをほぐす準備運動《じゅんびうんどう》）になるのです。

ワンポイントアドバイス

下《した》から見《み》るようにしてボールを上《あ》げる

ボール遊《あそ》びの多《おお》くは、スピードを上《あ》げて行《おこな》うものだったが、このページで紹介《しょうかい》したボール遊《あそ》びは、ボールの中心《ちゅうしん》を感《かん》じながらゆっくりとていねいに行《おこな》うことが大切《たいせつ》。ボールの中心《ちゅうしん》をコントロールしないと手《て》のひらから落《お》ちてしまうので気《き》をつけよう。ポイントは、ボールを下《した》から見《み》るようにして上《あ》げていくこと

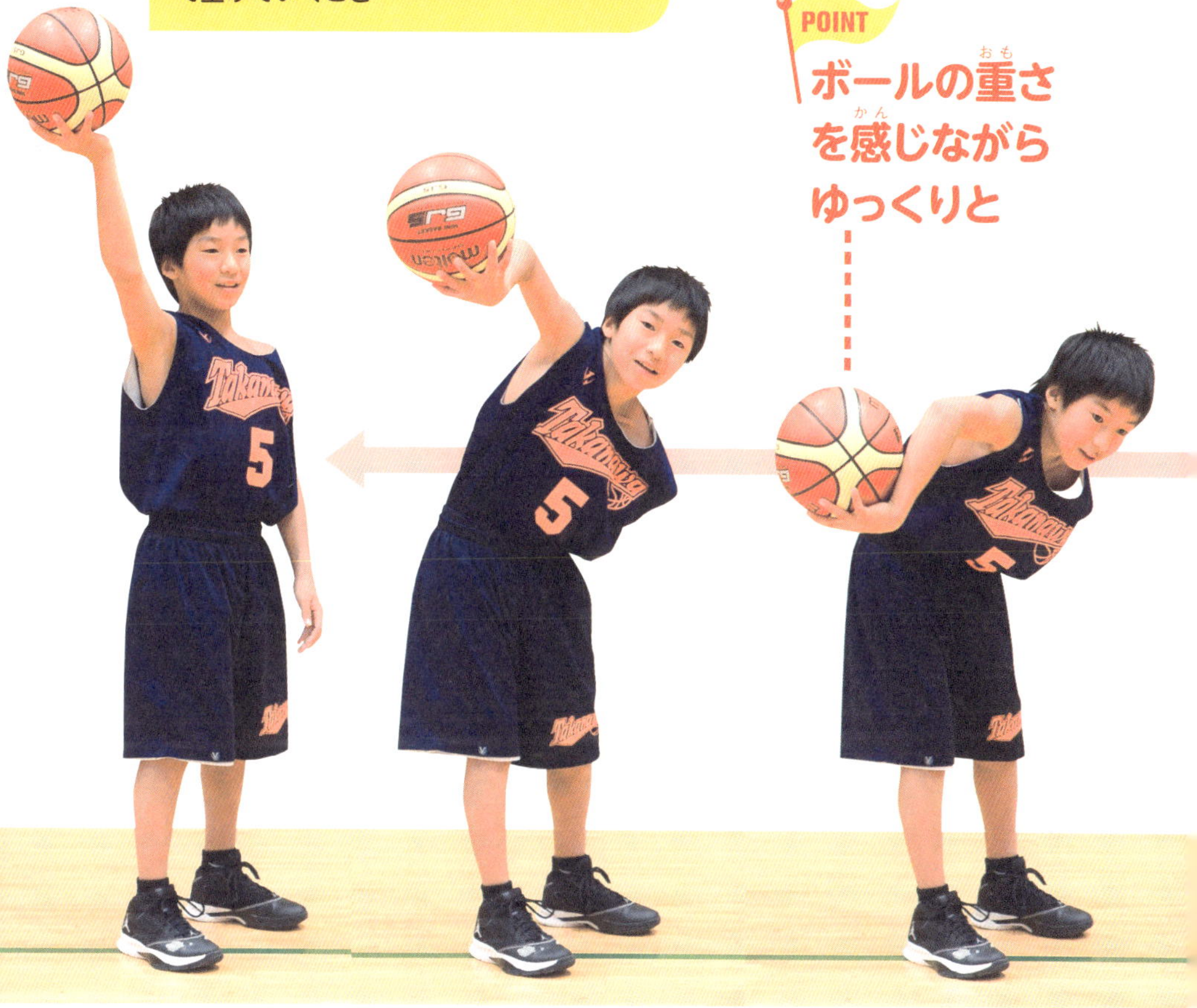
POINT
ボールの重《おも》さを感《かん》じながらゆっくりと

▲手首《てくび》を返《かえ》してボールを外側《そとがわ》で手《て》のひらにのせる

▲腕《うで》と手首《てくび》を使《つか》ってボールを上《あ》げていく

▲この動《うご》きを巻《ま》き戻《もど》してもとの状態《じょうたい》に戻《もど》る

手首《てくび》や腕《うで》を強《つよ》くしよう

手首《てくび》や指《ゆび》を強《つよ》くすることによって いろいろなプレーがうまくなります。

▶壁《かべ》から15cmくらいのところからボールを片手《かたて》で当《あ》てる

◀壁《かべ》から30cmくらいのところに立《た》つ

POINT

手首《てくび》と指《ゆび》を上手《じょうず》に使《つか》ってまずは10回《かい》続《つづ》けよう

5本《ほん》の指《ゆび》を広《ひろ》げ 片手《かたて》でボールを壁《かべ》につく遊《あそ》び

第《だい》1章《しょう》で紹介《しょうかい》してきたボール遊《あそ》びは、ボールをつきながら移動《いどう》するプレー「ドリブル」にもとても役立《やくだ》ちます。ボールに触《さわ》る感覚《かんかく》が磨《みが》かれるからです。さらにポイントになるのが、指《ゆび》や手首《てくび》の力《ちから》が強《つよ》いかどうかです。

そこでおすすめしたいのが、壁《かべ》にボールをつく「壁当《かべあ》てドリブル」です。5本《ほん》の指《ゆび》を適度《てきど》に広《ひろ》げ、片手《かたて》でボールを壁《かべ》につく動《うご》きをくり返《かえ》します。それができるようになったら、ボールを上下《じょうげ》に移動《いどう》させながら行《おこな》いましょう。

ただし、ボールを当《あ》てていい壁《かべ》か、たしかめてから行《おこな》ってください。

第《だい》2章《しょう》

友《とも》だちと遊《あそ》ぼう

友《とも》だちとボールを引《ひ》っぱり合《あ》い 自分《じぶん》のボールにしよう

友《とも》だちとの遊《あそ》びを通《つう》じて、自分《じぶん》のボールにするコツや強《つよ》い気持《きも》ちを育《そだ》てることができます。

▲ひとつのボールに、2人《ふたり》が両手《りょうて》を置《お》く

ルーズボールを自分《じぶん》のものにするプレーにも役立《やくだ》つ遊《あそ》び

この第《だい》2章《しょう》では友《とも》だちと一緒《いっしょ》に行《おこな》う楽《たの》しい遊《あそ》びを紹介《しょうかい》します。『友《とも》だちと楽《たの》しむことがバスケットボールに役立《やくだ》つの？』と思《おも》うかもしれませんが、仲間《なかま》と一緒《いっしょ》に楽《たの》しんだり、ときには競《きそ》い合《あ》う遊《あそ》びを行《おこな》うことはとても大切《たいせつ》です。

まずはひとつのボールに、2人《ふたり》が両手《りょうて》を置《お》いたところからスタートし、ボールを奪《うば》い合《あ》ってみましょう。ルーズボール（どちらのチームもとっていないボール）を自分《じぶん》のものにするプレーにも役立《やくだ》つ遊《あそ》びです。

POINT

ヒジを曲《ま》げる

腕《うで》が伸《の》びると力《ちから》が入《はい》らないので
ヒジは常《つね》に曲《ま》げておく

▲相手《あいて》からボールをとったら勝《か》ち

▲スタートの合図《あいず》で2人《ふたり》がボールを自《じ》分《ぶん》のものにしようとする

ワンポイントアドバイス

わざと相手《あいて》に近《ちか》づく

ただ引《ひ》っぱるだけではなかなかボールを取《と》ることができない。わざと相手《あいて》に近《ちか》づき、ヒジを張《は》りながら相手《あいて》とボールのあいだに自分《じぶん》のからだを入《い》れるようにする。そうしてボールをひねると自分《じぶん》のボールにすることができる

友《とも》だちと息《いき》を合《あ》わせてボールをすばやく動《うご》かそう

相手《あいて》と息《いき》を合《あ》わせる遊《あそ》びは、バスケットボールのチームプレーに役立《やくだ》ちます！

準備運動《じゅんびうんどう》にも使《つか》える2人《ふたり》のボール遊《あそ》び

友《とも》だちと競《きそ》い合《あ》う遊《あそ》びだけでなく、友《とも》だちと協力《きょうりょく》し、息《いき》を合《あ》わせて行《おこな》う遊《あそ》びもあります。

1人《ひとり》がボールを持《も》ち、頭《あたま》の上《うえ》に持《も》っていきます。もう1人《ひとり》がそのボールをつかみ、両足《りょうあし》のあいだにおろしてまたわたします。もうひとつは、1人《ひとり》がボールを横《よこ》に持《も》っていき、もう1人《ひとり》がそのボールを

[左右《さゆう》でボールわたし]

[上下《じょうげ》でボールわたし]

つかみ逆側《ぎゃくがわ》でまたわたすという遊《あそ》びです。

ひとつ目《め》の遊《あそ》びにはからだを伸《の》ばす動《うご》きと前屈《ぜんくつ》が、ふたつ目《め》はからだを横《よこ》にひねる動《うご》きが入《はい》ります。それだけに準備運動《じゅんびうんどう》にも使《つか》えます。

ワンポイントアドバイス

チームプレーのきほんを育《はぐく》む

バスケットボールはチームスポーツなので、自分《じぶん》がやりたいことだけをやればいいわけではない。まわりに対《たい》して思《おも》いやりを持《も》ち、相手《あいて》の気持《きも》ちになってプレーすることが大切《たいせつ》。そうしたチームプレーのきほんが、これらの遊《あそ》びで育《はぐく》まれる

▼からだをひねりながらボールを横《よこ》からわたす。受《う》け取《と》った人《ひと》は、逆側《ぎゃくがわ》にからだをひねって横《よこ》からボールを返《かえ》す

▼頭《あたま》の上《うえ》からボールをわたす。受《う》け取《と》ったほうは、両足《りょうあし》のあいだを通《とお》してボールを返《かえ》す

センターサークルを使《つか》い鬼遊《おにあそ》びを楽《たの》しもう

バスケットボールに必要《ひつよう》となる体力《たいりょく》を遊《あそ》びのなかからつけていきましょう！

▲センターサークルのライン上《じょう》で２人《ふたり》が向《む》かい合《あ》う

ワンポイントアドバイス

駆《か》け引《ひ》きも上手《じょうず》になろう

このサークル鬼《おに》は、サークルのラインとセンターライン上《じょう》を移動《いどう》する。自分《じぶん》がどう走《はし》りたいかではなく、相《あい》手《て》の動《うご》きをよく見《み》なければならないだけに、「駆《か》け引《ひ》き」も上手《じょうず》になる。前《まえ》に進《すす》むだけでなく、一度《いちど》止《と》まって相手《あいて》をよく見《み》てから後《うし》ろに下《さ》がる動《うご》きなども取《と》り入《い》れてみよう

走《はし》る力《ちから》や止《と》まる力《ちから》、すばやく方向《ほうこう》を変《か》える動《うご》きを養《やしな》う

バスケットボールをより楽《たの》しむ、しかも上達《じょうたつ》を早《はや》めるためにおすすめしたいのが「鬼遊《おにあそ》び」です。友《とも》だちを追《お》いかけ、また追《お》いかけられることによって、バスケットボールに必《ひつ》要《よう》な走《はし》る力《ちから》や止《と》まる力《ちから》、そしてすばやく方向《ほうこう》を変《か》える動《うご》きも養《やしな》えるからです。

体育館《たいいくかん》いっぱいを使《つか》い全員《ぜんいん》で一《いっ》斉《せい》に行《おこな》ってもいいですが、センターサークルのラインを使《つか》うと２人《ふたり》でも楽《たの》しめます。センターライン上《じょう》でお互《たが》いに向《む》かい合《あ》い、時間《じかん》を決《き》めて鬼《おに》ごっこをやってみましょう！

▶スタートの合図《あいず》とともに、ライン上《じょう》で鬼《おに》ごっこを行《おこな》う

▶決《き》められた時間内《じかんない》を、鬼《おに》から逃《に》げ切《き》れるようにがんばる

▶決《き》められた時間内《じかんない》に、鬼《おに》がタッチすれば鬼《おに》の勝《か》ちとなる

遊《あそ》びのなかで低《ひく》い姿勢《しせい》を身《み》につけよう

鬼《おに》から逃《に》げることに夢中《むちゅう》になっているうちに、低《ひく》い姿勢《しせい》が備《そな》わります。

低《ひく》い姿勢《しせい》をとり続《つづ》けながら鬼《おに》の動《うご》きをかわす

バスケットボールのきほんである「低《ひく》い姿勢《しせい》」を身《み》につけられる鬼遊《おにあそ》びもあります。それが「腰《こし》つなぎ鬼《おに》」です。

1人《ひとり》の鬼《おに》に向《む》かい合《あ》うように、ほかの友《とも》だちは列《れつ》をつくります。先《せん》頭《とう》の子《こ》は低《ひく》い姿勢《しせい》をとり、次《つぎ》に並《なら》ぶ子《こ》は、前《まえ》にいる友《とも》だちの腰《こし》に手《て》を添《そ》えて低《ひく》い姿勢《しせい》をとります。

鬼《おに》は、左右《さゆう》に動《うご》き列《れつ》を大《おお》きく揺《ゆ》さぶりながら、列《れつ》の一番後《いちばんうし》ろにいる子《こ》の背中《せなか》にタッチすれば勝《か》ちです。逆《ぎゃく》

▲1人《ひとり》の鬼《おに》に向《む》かい合《あ》うように、ほかの友《とも》だちは列《れつ》をつくる

▲鬼《おに》は、列《れつ》の一番後《いちばんうし》ろにいる子《こ》の背中《せなか》にタッチすれば勝《か》ち

に列《れつ》をつくっているほうは、決《き》められた時間内《じかんない》に鬼《おに》にタッチされなければ勝《か》ちとなります。低《ひく》い姿勢《しせい》をとることを忘《わす》れずに！

ワンポイントアドバイス

フェイクを覚《おぼ》えよう

鬼《おに》が勝《か》つポイントは、列《れつ》をつくっている友《とも》だちに、左右《さゆう》のどちらから走《はし》るか読《よ》まれないこと。そのためには右《みぎ》に走《はし》るふりをして左《ひだり》から走《はし》るような、相手《あいて》をだます動《うご》きが役立《やくだ》つ。このような動《うご》きのことを「フェイク」という。バスケットボールではこのフェイクが、いろいろなところで使《つか》える

◀先頭《せんとう》の子《こ》は低《ひく》い姿勢《しせい》をとり、次《つぎ》に並《なら》ぶ子《こ》は、前《まえ》にいる友《とも》だちの腰《こし》に手《て》を添《そ》えて低《ひく》い姿勢《しせい》をとる

▲列《れつ》をつくっているほうは、決《き》められた時間内《じかんない》に鬼《おに》にタッチされなければ勝《か》ち

通過鬼《つうかおに》と手《て》つなぎ鬼《おに》

いろいろな鬼《おに》ごっこで体力《たいりょく》をつけ、駆《か》け引《ひ》きを学《まな》ぼう

まだまだあるある鬼遊《おにあそ》び。いろいろな遊《あそ》びを楽《たの》しむだけで、バスケットボールに役立《やくだ》つことがたくさんあるんです！

ワンポイントアドバイス

工夫《くふう》できる鬼遊《おにあそ》び

鬼遊《おにあそ》びはいろいろと工夫《くふう》して、おもしろくできる。たとえば「通過鬼《つうかおに》」なら、走《はし》り抜《ぬ》ける子《こ》は3秒《びょう》ごとにスタートし、10秒以内《びょういない》にセンターラインを越《こ》えないと負《ま》けにする。「手《て》つなぎ鬼《おに》」であれば、タッチされたら氷《こおり》のようにいったん固《かた》まる。ただしほかの友《とも》だちにタッチして助《たす》けてもらえたら、また逃《に》げられるとか……。このようにして鬼《おに》遊《あそ》びを楽《たの》しんでみよう！

鬼《おに》にタッチされないように走《はし》り抜《ぬ》けたり逃《に》げ回《まわ》ったり

ほかにも、いろいろな鬼遊《おにあそ》びがあります。たとえば「通過鬼《つうかおに》」は、3人《にん》の鬼《おに》を相手《あいて》にして、タッチされないようにラインを通過《つうか》しなければならないため、フットワークや駆《か》け引《ひ》きの力《ちから》を養《やしな》うことができます。

また「手《て》つなぎ鬼《おに》」は、2人《ふたり》の鬼《おに》が手《て》をつないで、ほかの友《とも》だちを追《お》いかけます。制限時間《せいげんじかん》を決《き》めて鬼《おに》は追《お》いかけ、ほかの友《とも》だちは逃《に》げるので、体力《たいりょく》を強化《きょうか》することができます。

このように鬼遊《おにあそ》びは、楽《たの》しみながら体力《たいりょく》をつけたり、駆《か》け引《ひ》きを覚《おぼ》えたり、鬼《おに》どおしのコミュニケーションをとる練習《れんしゅう》になったりします。

[通過鬼《つうかおに》]

①3人《にん》の鬼《おに》がセンターラインに立《た》ち、ほかの友《とも》だちはベースラインに並《なら》ぶ

②鬼《おに》にタッチされないように、逆側《ぎゃくがわ》のベースラインまで走《はし》り抜《ぬ》ける

③鬼《おに》にタッチされたら、その子《こ》は負《ま》け

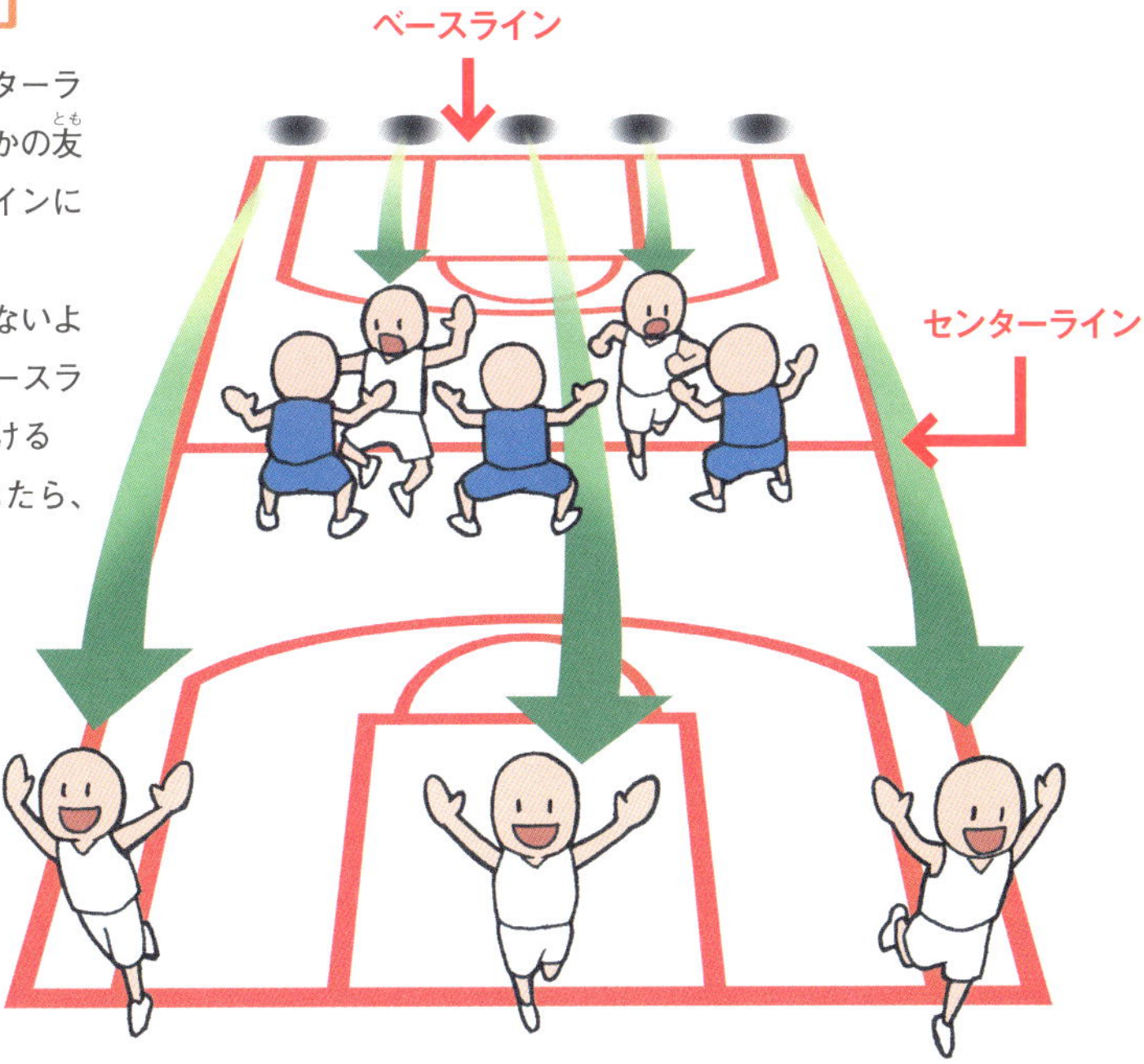

[手《て》つなぎ鬼《おに》]

①2人《ふたり》の鬼《おに》が手《て》をつないで、ほかの友《とも》だちを追《お》いかける

②決《き》められた時間内《じかんない》、逃《に》げられるようにがんばる

③鬼《おに》にタッチされたら、その子《こ》は負《ま》け

コラム①

準備運動《じゅんびうんどう》のいろいろ

安全《あんぜん》にミニバスケットボールを楽《たの》しみましょう！

練習前《れんしゅうまえ》や試合前《しあいまえ》は、からだがしっかりと動《うご》くように、そしてケガをしないためにも、準備運動《じゅんびうんどう》をすることが大切《たいせつ》です。バスケットボールでは次《つぎ》のような動作《どうさ》が必要《ひつよう》となるため、ヒザや足首《あしくび》のケガをしてしまいがちだからです。

- 速《はや》く走《はし》る
- 急《きゅう》に止《と》まる
- 走《はし》る方向《ほうこう》を急《きゅう》に変《か》える
- 高《たか》くジャンプする
- 着地《ちゃくち》する
- 着地《ちゃくち》してからすぐにまた走《はし》る

このような激《はげ》しい運動《うんどう》を行《おこな》うための準《じゅん》備運動《びうんどう》に時間《じかん》をかけたいところですが、長《なが》く行《おこな》えばいいというものではありません。その分《ぶん》、ボールを使《つか》った練習《れんしゅう》が短《みじか》くなってしまうからです。そこで、準備運《じゅんびうん》動《どう》をていねいに行《おこな》いつつ、この第《だい》２章《しょう》で紹介《しょうかい》した「鬼遊《おにあそ》び」などで体力《たいりょく》をアップさせながら、準備運動《じゅんびうんどう》を兼《か》ねるのもいいでしょう。

また、第《だい》１章《しょう》で紹介《しょうかい》した「ボール遊《あそ》び」のように、ボールを使《つか》った軽《かる》い練習《れんしゅう》を準《じゅん》備運動《びうんどう》代《が》わりにすることもできます。ただし３時間程度《じかんていど》の長《なが》い練習《れんしゅう》を行《おこな》うのであれば、やはり十分《じゅうぶん》な準備運動《じゅんびうんどう》をしてください。

安全《あんぜん》にミニバスケットボールを楽《たの》しみましょう！

第《だい》3章《しょう》

シュートを打《う》ってみよう

正《ただ》しい姿勢《しせい》をしっかりとり必要《ひつよう》とされるプレーをする

シュートの打《う》ち方《かた》にはふたつあります。あなたのシュートの基本姿勢《きほんしせい》はどちらですか？

両手《りょうて》シュートの基本姿勢《きほんしせい》と片手《かたて》シュートの基本姿勢《きほんしせい》

ボールを持《も》ったら、三《みっ》つのプレーをすることができます。まず考《かんが》えてほしいのは、シュートを打《う》って得点《とくてん》を決《き》めることです。ただ、相手《あいて》がシュートを止《と》めようとしているときは、ボールを床《ゆか》について移動《いどう》するドリブルが必要《ひつよう》になるかもしれません。そしてもうひとつが、仲間《なかま》にボールをわたすパスです。

これらがすぐにできるような姿勢《しせい》でボールを持《も》つことが大切《たいせつ》です。そしてその姿勢《しせい》は、両手《りょうて》でシュートを打《う》つか、片手《かたて》でシュートを打《う》つかで少《すこ》し変《か》わってきます。両方《りょうほう》の基本姿勢《きほんしせい》を見比《みくら》べてみましょう。

[① 両手《りょうて》シュートの基本姿勢《きほんしせい》]

シュートが打《う》ちやすい姿勢《しせい》で、すぐに動《うご》けるようにかまえる。そして両手《りょうて》の５本《ほん》の指《ゆび》を大《おお》きく開《ひら》いてボールをからだの正面《しょうめん》で持《も》つ。シュートを打《う》つ場合《ばあい》は、そのままからだの中心線《ちゅうしんせん》でボールを上《あ》げていく

[② 片手《かたて》シュートの基本姿勢《きほんしせい》]

シュートが打《う》ちやすく、すぐに動《うご》けるようにかまえるのは両手《りょうて》シュートと同《おな》じ。片手《かたて》シュートは、ボールの持《も》ち方《かた》が違《ちが》う。シュートを打《う》つ手《て》でボールを支《ささ》え、逆《ぎゃく》の手《て》は横《よこ》から添《そ》えるようにする。そこからヒジとヒザが一本《いっぽん》のラインになるようにボールを上《あ》げていく

ワンポイントアドバイス

リングに届《とど》かないときは両手《りょうて》シュートからはじめる

ボールがリングに届《とど》かない子《こ》は両手《りょうて》シュートからはじめる。そしてボールがリングまで届《とど》くようになったら、片手《かたて》シュートの練習《れんしゅう》をしよう

POINT

からだの中心線《ちゅうしんせん》に沿《そ》って ボールを上《あ》げる

①

POINT

ヒジとヒザを 一本《いっぽん》のラインに

②

ゴールの近《ちか》くから両手《りょうて》でシュートを打《う》ってみよう

シュートがうまくなるためには、シュートが決《き》まる喜《よろこ》びを知《し》ることが大切《たいせつ》です。ゴールの近《ちか》くから打《う》ってみましょう。

POINT

リラックスしてフォームを大事《だいじ》に

▲最初《さいしょ》はゴールの近《ちか》くからシュートを打《う》つ

バックボードに当《あ》てるシュートと当《あ》てないシュートに挑戦《ちょうせん》

前《まえ》のページで紹介《しょうかい》した基本姿勢《きほんしせい》からシュートを打《う》ってみましょう。余計《よけい》な力《ちから》が入《はい》らないように最初《さいしょ》はゴールの近《ちか》くから、自分《じぶん》のシュートフォーム（シュートを打《う》つ格好《かっこう》）を大事《だいじ》にしてください。片手《かたて》シュートでボールがリングに届《とど》かない子《こ》は、両手《りょうて》シュートから始《はじ》めるといいでしょう。

一番入《いちばんはい》りやすいのは、バックボードに対《たい》してななめの位置《いち》から、ボードに記《しる》されている長方形《ちょうほうけい》の角《かど》にボールを当《あ》てるシュートです。左右《さゆう》でそれができたら、正面《しょうめん》からバックボードに当《あ》てずに決《き》めてみましょう。

▼写真《しゃしん》の位置《いち》ではなく、ゴール近《ちか》くの正面《しょうめん》からシュートを打《う》つときは、バックボードに当《あ》てず、そのままリングに入《い》れるシュートが必要《ひつよう》になる

▼ななめからシュートを打《う》つ場合《ばあい》は、バックボードにボールを当《あ》てると入《はい》りやすい

ワンポイントアドバイス

シュートが入《はい》りやすい位置《いち》を覚《おぼ》えよう

ななめからシュートを決《き》める場合《ばあい》は、写真《しゃしん》の場所《ばしょ》あたりにボールを当《あ》てると入《はい》りやすい。ただし、シュートの強《つよ》さなどによってその位置《いち》が変《か》わってくるので、自分《じぶん》のシュートはどこに当《あ》てるといいか覚《おぼ》えておこう

▲逆側《ぎゃくがわ》からもバックボードにボールを当《あ》ててシュートを決《き》める

ゴールの近《ちか》くから片手《かたて》でシュートを打《う》ってみよう

今《いま》まで両手《りょうて》でシュートを打《う》っていた子《こ》もぜひ、この片手《かたて》シュートに挑戦《ちょうせん》してみてください。

▲最初《さいしょ》はゴールの近《ちか》くからシュートを打《う》つ

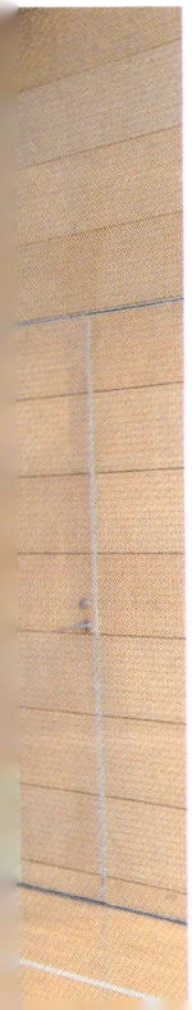

◀逆側《ぎゃくがわ》からもバックボードにボールを当《あ》ててシュートを決《き》める

ワンポイントアドバイス

片手《かたて》シュートの注意点《ちゅういてん》

片手《かたて》シュートに挑戦《ちょうせん》する場合《ばあい》は、次《つぎ》のことに注意《ちゅうい》しよう

- ボールは顔《かお》の付近《ふきん》でかまえるのが理想《りそう》だが、最初《さいしょ》は下《した》のほうから勢《いきお》いをつけてもいい
- 手首《てくび》をやわらかく使《つか》い、指先《ゆびさき》のボールタッチの感覚《かんかく》を大事《だいじ》にしよう
- ゴールに届《とど》かない場合《ばあい》は、ヒザや腰《こし》などからだ全体《ぜんたい》のバネを使《つか》おう

はずれることを怖《こわ》がらずシュートを楽《たの》しもう

次《つぎ》に片手《かたて》で打《う》つシュートです。両手《りょうて》シュートが好《す》きな子《こ》も『自分《じぶん》には関係《かんけい》ない』と思《おも》わないでください。ボールがリングまで届《とど》くようになったら、片手《かたて》シュートを覚《おぼ》えたほうがいいからです。

シュートをねらう場所《ばしょ》は、両手《りょうて》シュート（前《まえ》のページ）と同《おな》じです。ななめからならバックボードに記《しる》された長方形《ちょうほうけい》の角《かど》。正面《しょうめん》から打《う》つ場合《ばあい》は、リングに直接《ちょくせつ》ボールが入《はい》るように打《う》ちます。シュートがはずれることを怖《こわ》がることはありません。次《つぎ》にまた打《う》てることを楽《たの》しむことが大切《たいせつ》です。

▲ななめからシュートを打《う》つ場合《ばあい》は、バックボードにボールを当《あ》てると入《はい》りやすい

◀ゴール近《ちか》くの正《しょう》面《めん》からシュートを打《う》つときは、バックボードに当《あ》てず、そのままリングに入《い》れるシュートが必要《ひつよう》になる

両手《りょうて》シュートの距離《きょり》を少《すこ》しずつ広《ひろ》げていこう

ゴールの近《ちか》くから決《き》まるようになったらシュートの距離《きょり》を広《ひろ》げていきます。そのシュート力《りょく》が武器《ぶき》になります。

▼ボールを胸《むね》の前《まえ》で持《も》つ

▲シュートを打《う》つ準備《じゅんび》をしよう

フリースローの距離《きょり》から両手《りょうて》で決《き》められるようになろう

ゴール近《ちか》くからのシュートが決《き》まるようになったら、少《すこ》しずつその距離《きょり》を広《ひろ》げていきましょう。『せっかくゴールの近《ちか》くから簡単《かんたん》に決《き》まるようになったのに……』と感《かん》じるかもしれません。でも、試合《しあい》では相手《あいて》チームもゴール近《ちか》くからのシュートを打《う》たせてくれません。それだけにシュートの距離《きょり》を広《ひろ》げていくことが大切《たいせつ》なのです。

ひとつの目標《もくひょう》としては、フリースローを決《き》めることです。フリースローとは相手《あいて》がファウルしたときの得点《とくてん》チャンスのことで、そのくらいの距離《きょり》（４メートル）からのシュートをいつも決《き》められるようにしましょう。

◀自分《じぶん》のシュートタッチの感覚《かんかく》でシュートを打《う》つ

POINT
遠《とお》い距離《きょり》でも
腕《うで》を上《あ》げてシュート

POINT
シュートを打《う》ったあと、
両手《りょうて》が同《おな》じ格好《かっこう》に
なるように！

腕《うで》が下《さ》がっている

ゴールの近《ちか》くからのシュートで、腕《うで》がまっすぐ上《あ》がっていても、距離《きょり》が広《ひろ》がると腕《うで》が下《さ》がってしまいがち。これは、ボールをゴールに届《とど》かせようと思《おも》いすぎて、腕《うで》がゴールのほうに向《む》いてしまうから。でもシュートを決《き》めるには、ゴールの上《うえ》からボールを落《お》とさなければならない。それだけに腕《うで》を上《あ》げることが大切《たいせつ》だ

片手《かたて》シュートの距離《きょり》を少《すこ》しずつ広《ひろ》げていこう

シュートを決《き》めるために大事《だいじ》なのは、いつも同《おな》じシュートを打《う》つ努力《どりょく》をすることです。

▲顔《かお》のあたりでボールを持《も》ってかまえる

フリースローの距離《きょり》から片手《かたて》で決《き》められるようになろう

シュートの距離《きょり》が広《ひろ》がると、どうしても腕《うで》が下《さ》がってしまうのは、片《かた》手《て》シュートも同《おな》じです。フリースローくらいの距離《きょり》でも、ゴールの近《ちか》くから打《う》つのと同《おな》じような格好《かっこう》になることが大切《たいせつ》なのです。言《い》いかえると、いつも自分《じぶん》のシュートの格好《かっこう》で打《う》つことによって、シュートが決《き》まりやすくなるということです。

相手《あいて》がファウルしたときの得点《とくてん》チャンスである、フリースローを打《う》つときもそうです。シュートを打《う》つときのかまえ方《かた》、ボールの持《も》ち方《かた》、そしてゴールの狙《ねら》い方《かた》を決《き》めておきましょう。

POINT
ボールが高《たか》い弧《こ》を描《えが》くように打《う》つ

◀ヒザを少《すこ》し曲《ま》げて、シュートを打《う》つ準備《じゅんび》をする

◀自分《じぶん》のシュートタッチの感覚《かんかく》でシュートを打《う》つ

◀シュートを打《う》ったあとの格好《かっこう》が、いつもと同《おな》じかたしかめよう

ボールの軌道《きどう》が低《ひく》い

片手《かたて》シュートでも両手《りょうて》シュートと同《おな》じように、距離《きょり》が広《ひろ》がると腕《うで》が下《さ》がってしまいがちなので、腕《うで》を上《あ》げるように心《こころ》がけよう。そうすることで、上《うえ》からゴールにボールが落《お》ちていく、高《たか》くてきれいな弧《こ》を描《えが》かせることができる。逆《ぎゃく》にその弧《こ》が低《ひく》すぎると、ボールがゴールにぶつかってしまいシュートが入《はい》らない

両手《りょうて》でレイアップシュートを打《う》ってみよう

走《はし》る勢《いきお》いを利用《りよう》し、高《たか》くジャンプするシュート。バスケットボールの楽《たの》しさが感《かん》じられるきほんです。

▲ボールを両手《りょうて》で支《ささ》え、「１」のステップを踏《ふ》む

「1、2」のステップからジャンプするタイミングを

走《はし》りながら勢《いきお》いをつけてジャンプし、シュートを打《う》つプレーは「ランニングシュート」と呼《よ》ばれています。そのなかでもバックボードにそっと当《あ》てて確実《かくじつ》に決《き》めるシュートが「レイアップシュート」です。

初《はじ》めて挑戦《ちょうせん》する人《ひと》は、両手《りょうて》でボールを支《ささ》えながらゴールに向《む》かって走《はし》り、シュートを打《う》ちましょう。そのときに大事《だいじ》なのは「1、2」のステップからジャンプするタイミングをつかむこと。一歩《いっぽ》の長《なが》さやジャンプ力《りょく》によって、とび始《はじ》めるところは変《か》わるので、自分《じぶん》に合《あ》ったタイミングをつかみましょう。

◀ゴールをしっかりと見《み》て、「2」のステップを踏《ふ》む

(写真《しゃしん》のように)左側《ひだりがわ》からゴールに向《む》かう場合《ばあい》、左足《ひだりあし》が「1」のステップ、右足《みぎあし》が「2」のステップになる。逆《ぎゃく》に右側《みぎがわ》からゴールに向《む》かう場合《ばあい》には、右足《みぎあし》が「1」のステップ、左足《ひだりあし》が「2」のステップになる

◀まずは両手《りょうて》でレイアップシュートを確《かく》実《じつ》に決《き》められるようになろう

ジャンプのタイミングが遅《おそ》い

すばやい走《はし》りからジャンプしてシュートを決《き》めるのはとても格好《かっこう》いい。でもそのスピードも考《かんが》えてジャンプしないと、ゴールの真下《ました》からシュートを打《う》つような格《かっ》好《こう》になってしまう。試合《しあい》でがんばろうとするほど、そのようなミスが増《ふ》えるので気《き》をつけよう

片手《かたて》でレイアップシュートを打《う》ってみよう

みんなの手《て》より大《おお》きなバスケットボール。それを片手《かたて》で上手《じょうず》に使《つか》い、レイアップシュートを決《き》めましょう。

▲ドリブルでゴールに向《む》かう

▲ボールを両手《りょうて》で持《も》ち、「1」のステップを踏《ふ》む

ジャンプと同時《どうじ》に片手《かたて》でボールを上《あ》げていく

両手《りょうて》のレイアップシュート（前《まえ》のページ）が決《き》まるようになったら、片手《かたて》のレイアップシュートに挑戦《ちょうせん》してみましょう。バスケットボールは大《おお》きいため、片手《かたて》でボールを扱《あつか》うのは簡単《かんたん》ではありません。でも、慣《な》れてくるとジャンプと同時《どうじ》に片手《かたて》でボールを上《あ》げていくタイミングがつかめるはずです。

ボールを支《ささ》えていない手《て》は、何《なに》もしないかというとそうではありません。相手《あいて》にボールに触《さわ》られないように、ボールを守《まも》る役割《やくわり》があります。そしてこのレイアップシュートでも「1、2」のリズムでジャンプしましょう。

◀ゴールをしっかりと見《み》て、「2」のステップを踏《ふ》む

POINT

ボールを持《も》っていない手《て》で相手《あいて》をブロック

◀走《はし》る勢《いきお》いを利《り》用《よう》して、高《たか》くジャンプしながら片手《かたて》でボールを上《あ》げていく

(写真《しゃしん》のように)左手《ひだりて》でレイアップシュートを打《う》つ場《ば》合《あい》、左《ひだり》足《あし》が「1」のステップ、右足《みぎあし》が「2」のステップになる。逆《ぎゃく》に右手《みぎて》でレイアップシュートを打《う》つ場《ば》合《あい》には、右《みぎ》足《あし》が「1」のステップ、左足《ひだりあし》が「2」のステップになる

ワンポイントアドバイス

右手《みぎて》でも左手《ひだりて》でも

きき手《て》（得意《とくい》な手《て》）でレイアップシュートが決《き》まるようになったら、逆《ぎゃく》の手《て》でも練習《れんしゅう》しよう。右《みぎ》ききの子《こ》は、左手《ひだりて》でもレイアップシュートを決《き》められるようにすること。それによって相手《あいて》がいないほうの手《て》でシュートが打《う》てるので、決《き》まりやすくなる

背後《はいご》にあるリングにシュートを決《き》めよう

レイアップシュートを打《う》ちたいのに相手《あいて》がいる……。そういうときは、ゴールの逆側《ぎゃくがわ》から決《き》めよう。

▲ゴールに向《む》かって走《はし》る

▲走《はし》る勢《いきお》いを利用《りよう》してジャンプし、ゴールの下《した》を通《とお》り過《す》ぎる

ゴールが見《み》えにくいだけに難《むずか》しいシュートだが……

レイアップシュートを打《う》とうとゴールのほうに向《む》かっているときに、相手《あいて》がいてシュートできない場合《ばあい》があります。そういうときはドリブルを続《つづ》けながら、ゴールの逆側《ぎゃくがわ》にまわりこみ、背後《はいご》のゴールに向《む》かってシュートを打《う》つこともできます。これを「バックシュート」と言《い》います。

ゴールが見《み》えにくいだけに難《むずか》しいシュートですが、バックボードの角《かど》にボールを当《あ》てれば決《き》まるようになるはずです。走《はし》る勢《いきお》いを利用《りよう》し、どこでジャンプすればバックシュートが決《き》まるか反復練習《はんぷくれんしゅう》して感覚《かんかく》をつかみましょう。

▲ゴールの逆側《ぎゃくがわ》にまわりこむ

角《かど》に当《あ》てる
POINT
背後《はいご》のゴールから目《め》を離《はな》さないように

ワンポイントアドバイス

バックボードに当《あ》てる

シュートを打《う》つときに、ボールがゴールの真下《ました》にあると決《き》まらない。したがってボールを完全《かんぜん》にゴールの逆側《ぎゃくがわ》まで持《も》っていき、バックボードに当《あ》てることが大切《たいせつ》。レイアップシュートと同《おな》じように、片手《かたて》でなかなか決《き》まらない子《こ》は、両手《りょうて》のバックシュートから練習《れんしゅう》してみるといい

左《さ》右《ゆう》どちらからでも片《かた》手《て》でシュートを打《う》てるようになろう

壁《かべ》を使《つか》ったシュート練習《れんしゅう》です。両手《りょうて》シュートの子《こ》もぜひ、取《と》り入《い》れてみてください。

▶ボールを持《も》って壁《かべ》の前《まえ》で行《おこな》う。ゴールの高《たか》さの位置《いち》を意識《いしき》する

▶きき手《て》だけを使《つか》い、壁《かべ》に向《む》かってシュートする

▶逆《ぎゃく》の手《て》でも、壁《かべ》に向《む》かってシュートする

時間《じかん》や回数《かいすう》を決《き》めて、毎日少《まいにちすこ》しずつ取《と》り組《く》む

32ページで紹介《しょうかい》した「壁《かべ》当《あ》てドリブル」に続《つづ》き、「壁《かべ》シュート」も行《おこな》いましょう。この練習《れんしゅう》の目的《もくてき》は、左《さ》右《ゆう》どちらの手《て》でもシュートを打《う》てるようになることです。片手《かたて》シュートの子《こ》だけでなく、いつもは両手《りょうて》でシュートを打《う》っている子《こ》も、この練習《れんしゅう》がとても役《やく》に立《た》ちます。

試合《しあい》でゴール近《ちか》くからシュートを打《う》つときは、たいてい相手《あいて》がいます。そういうときに左右《さゆう》どちらからでも片手《かたて》でシュートを打《う》てるようになれば、相手《あいて》にボールを取《と》られなくなります。時間《じかん》や回数《かいすう》を決《き》めて、毎日少《まいにちすこ》しずつ取《と》り組《く》むようにしてください。

第《だい》4章《しょう》

ボールをつきながら動《うご》けるようになろう

ドリブルの姿勢《しせい》

相手《あいて》にとられないようにボールをつこう

ボールをつきながら行《い》きたいところに移動《いどう》できるドリブル。自分《じぶん》のボールを失《うしな》わないようにしましょう！

顔《かお》
肩《かた》の上《うえ》に顔《かお》をのせて、まわりを見《み》られるように顔《かお》を上《あ》げる

相手《あいて》から遠《とお》いほうの手《て》でボールを強《つよ》くつく

バスケットボールでは、ボールを持《も》ったまま3歩《ぽ》以上《いじょう》歩《ある》くと、相手《あいて》のボールになってしまいます。そこでボールを床《ゆか》につきながら移動《いどう》する「ドリブル」を覚《おぼ》えましょう。

ドリブルをするときに気《き》をつけなければならないことがあります。それは、相手《あいて》にボールをとられないように、ドリブルしなければならないということです。からだの前《まえ》でボールをついていたら、簡単《かんたん》に相手《あいて》にとられてしまいます。

相手《あいて》に対《たい》してからだをたてにし、相手《あいて》から遠《とお》いほうの手《て》でボールを強《つよ》くつくことによって安全《あんぜん》にドリブルできます。

指《ゆび》
5本《ほん》の指《ゆび》を広《ひろ》げて、
ボールを強《つよ》くつく

ボールがないほうの腕《うで》
軽《かる》く曲《ま》げて前《まえ》に出《た》し、
相手《あいて》をボールに近《ちか》づ
かせないようにする

ヒザ
すぐに動《うご》き出《た》せるよ
うに、適度《てきど》に曲《ま》げる

NG
ボールだけを
見《み》てしまう

NG
立《た》ったままの姿勢《しせい》

次《つぎ》の準備《じゅんび》ができていない

バスケットボールを初《はじ》めて行《おこな》う子《こ》に多《おお》く見《み》られるのは、ボールだけを見《み》てしまったり、立《た》ったままの姿勢《しせい》でつくようなドリブル。次《つぎ》に自分《じぶん》がなにをすればいいか迷《まよ》っているうちに、相手《あいて》にボールをとられてしまうので注意《ちゅうい》しよう

コントロールドリブル

ラインに沿《そ》ってまっすぐに動《うご》いてみよう

相手《あいて》にとられない正《ただ》しい姿勢《しせい》のまま、ゆっくりと前後《ぜんご》に動《うご》いてみましょう。

▲顔《かお》を上《あ》げて、ボールをからだの後《うし》ろでつく

両足《りょうあし》がくっついている

移動《いどう》するときに、両足《りょうあし》がくっついてしまうと、ドリブルの姿勢《しせい》が高《たか》くなる。これでは次《つぎ》の動《うご》きが遅《おそ》くなってしまうので、低《ひく》い姿勢《しせい》を続《つづ》けながらドリブルで移動《いどう》しよう

▼前《まえ》に出《だ》した足《あし》と同《おな》じ長《なが》さだけ、後《うし》ろの足《あし》を動《うご》かすことによって正《ただ》しい姿勢《しせい》を続《つづ》けられる

POINT

ゆっくりと進行方向《しんこうほうこう》の足《あし》を前《まえ》に出《だ》す

コートに引《ひ》かれているラインに沿《そ》ってドリブル

前《まえ》のページで紹介《しょうかい》した通《とお》り、その場《ば》で正《ただ》しい姿勢《しせい》でドリブルがつけるようになったら、その基本姿勢《きほんしせい》のまま前後《ぜんご》に動《うご》いてみましょう。練習《れんしゅう》するときは、コートに引《ひ》かれているラインに沿《そ》って行《おこな》うと、正《ただ》しい姿勢《しせい》になっているかわかります。

両足《りょうあし》とボールをラインの上《うえ》にのせたまま最初《さいしょ》はゆっくりと移動《いどう》し、慣《な》れてきたら少《すこ》しずつスピードを上《あ》げてみましょう。「ドリブルで動《うご》くように」というと、どうしてもボールが前《まえ》に出《で》てしまいがちですが、そうならないように気《き》をつけてください。

床《ゆか》からボールをおこしたり 指先《ゆびさき》でボールをついてみよう

ドリブルはとても楽《たの》しいテクニック。いろいろな練習《れんしゅう》で楽《たの》しみながら、どんどんうまくなろう！

指《ゆび》でボールをつく感覚《かんかく》を高《たか》めるふたつの遊《あそ》び方《かた》

バスケットボールをはじめたばかりの子《こ》は、手《て》のひらでボールをつこうとします。でも「まり」とは違《ちが》ってバスケットボールは、腕《うで》や手《て》を上手《じょうず》に使《つか》いつつ、指《ゆび》でつきます。最初《さいしょ》は難《むずか》しく感《かん》じるかもしれませんが、いろいろな練習《れんしゅう》で楽《たの》しみながら慣《な》れていきましょう。

そのうちのひとつが、床《ゆか》にある

[ボールおこし]

▲床《ゆか》にボールをおく

[指先《ゆびさき》ドリブル]

どれか一本《いっぽん》の指《ゆび》だけでドリブルする

時間《じかん》や回数《かいすう》を決《き》めて、
指《ゆび》を変《か》えていきながら、
一本《いっぽん》の指《ゆび》でドリブルを続《つづ》ける

ボールを指《ゆび》で叩《たた》いてはずませる「ボールおこし」。もうひとつが指《ゆび》を一本《いっぽん》ずつ使《つか》ってボールをつく「指《ゆび》先《さき》ドリブル」です。このような練習《れんしゅう》を通《つう》じて、指《ゆび》でボールをつく感覚《かんかく》を高《たか》めましょう。

手《て》のひらで叩《たた》く

手《て》のひら全体《ぜんたい》でボールをつくと、ボールをスムーズにはずませることができない。次《つぎ》のプレーが遅《おそ》くなったり、相手《あいて》にボールをとられてしまう。手《て》のひらでボールを叩《たた》くようなドリブルではなく、指《ゆび》でボールをやさしくコントロールするようなドリブルを心《こころ》がけよう

▲はずんだボールでドリブルし、逆《ぎゃく》の手《て》でもできるように練習《れんしゅう》しよう

▲5本《ほん》の指《ゆび》でボールを強《つよ》く叩《たた》いてはずませる

▲顔《かお》を上《あ》げて、指《ゆび》を変《か》えていきながら、ボールをからだの後《うし》ろでつく

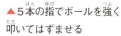

アラウンド・ザ・ボール

ボールを中心《ちゅうしん》にまわってみよう

その場《ば》でボールをつきながら、ボールのまわりを動《うご》く練習《れんしゅう》でドリブルのレベルを上《あ》げていきましょう。

ワンポイントアドバイス

まわりながらでもプレーできるように

じっさいにやってみるとわかると思《おも》うが、まわりながらプレーするのは、見《み》ている以上《いじょう》に難《むずか》しいもの。試合《しあい》ではなにがあるかわからないので、このような練習《れんしゅう》でまわりながらでもプレーできるようにしておくことが大切《たいせつ》。でもなるべく、まわらないでプレーできたほうがミスを少《すく》なくできる。言《い》いかえると、ゴールの方向《ほうこう》にからだを向《む》けたままのほうが攻《せ》めやすい、ということ

▲指先《ゆびさき》でボールをつくことを心《こころ》がけ、その場《ば》でドリブルする

まわっても バランスをくずさず ボールを見《み》ないで行《おこな》う

（前《まえ》のページの練習《れんしゅう》で）指先《ゆびさき》でボールをつく感覚《かんかく》がつかめてきたら、今《こん》度《ど》はからだを動《うご》かしながら、ドリブルをしてみましょう。ただし、最初《さいしょ》から前後左右《ぜんごさゆう》へボールを移動《いどう》させていくのは難《むずか》しいので、その場《ば》でつきながらボールのまわりを動《うご》く「アラウンド・ザ・ボール」をおすすめします。

ボールを中心《ちゅうしん》にまわりながらでも自分《じぶん》のバランスがくずれないことと、ボールを見《み》ないでまわることを心《こころ》がけてください。そうすることで、ドリブルのミスが少《すく》なくなっていきます。まわりの合図《あいず》でまわる方向《ほうこう》を変《か》えましょう。

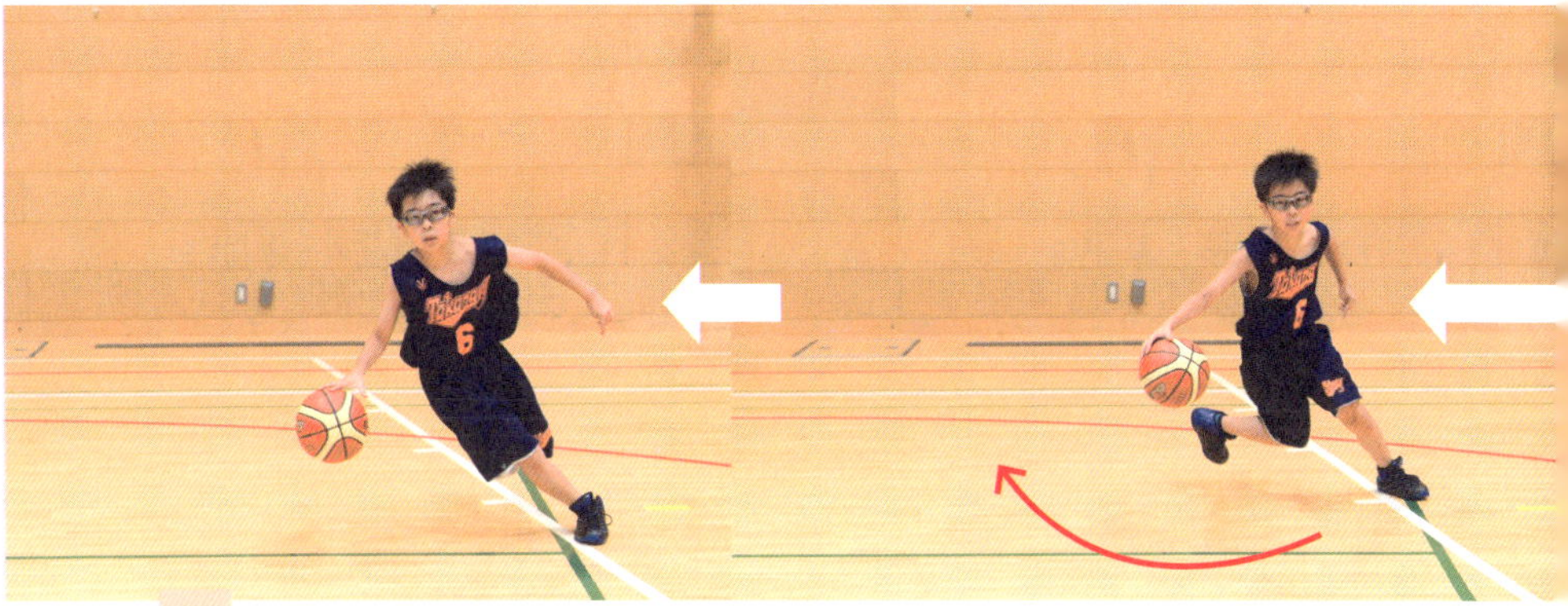

▲ボールを中心《ちゅうしん》にしてまわっていく

▲ボールを見《み》ないで行《おこな》おう

▲からだのバランスがくずれないように気《き》をつける

サイドキックドリブル

からだとボールとの一体感《いったいかん》を身《み》につけよう

リズムよく左右《さゆう》に動《うご》きながら、ボールの動《うご》きもそれに合《あ》わせてみましょう。

◀片足《かたあし》で床《ゆか》を強《つよ》く蹴《け》りながらボールをつく

POINT

床《ゆか》を強《つよ》く蹴《け》って横《よこ》へ移動《いどう》する

からだの動《うご》きにボールがついてこないとミスをしてしまう

ボールとからだを左右《さゆう》に大《おお》きく動《うご》かす練習《れんしゅう》があります。片方《かたほう》の足《あし》で床《ゆか》を強《つよ》く蹴《け》って、逆《ぎゃく》の方向《ほうこう》に大《おお》きく移《い》動《どう》することを「サイドキック」と言《い》いますが、その動《うご》きに合《あ》わせてドリブルをする練習《れんしゅう》です。

このサイドキックドリブルの練習《れんしゅう》を通《つう》じて、「からだとボールとの一体感《いったいかん》」を身《み》につけることができます。言《い》いかえると、からだの動《うご》きに対《たい》してボールがついてこないとミスをしたり、相手《あいて》にボールをとられてしまうということです。リズミカルにサイドキックができるようにドリブルしましょう。

◀ 逆方向に大きく移動する

▶ サイドキックの動きにボールがついてくるようにする

▶ リズミカルにサイドキックを行いながら、ドリブルを続ける

ワンポイントアドバイス

脚力アップにもなる！

このサイドキックドリブルは、「ドリブル練習」になるだけでなく、体力を高めるトレーニングにもなる。バスケットボールに必要とされる「脚力」を強化できる。それによってドリブルのスピードが上がり、すばやい動きが可能になる

両足《りょうあし》を伸《の》ばして座《すわ》りボールをからだのまわりで動《うご》かそう

ドリブルにはいろいろなテクニックがあります。それらができるようになるポイントのひとつは「やわらかさ」です。

ボールタッチの感覚《かんかく》を高《たか》めながら腕《うで》やヒジや肩《かた》をやわらかくする

ドリブルが上手《じょうず》になるには、いろいろなうまさが必要《ひつよう》です。指先《ゆびさき》でつく感覚《かんかく》や動《うご》くスピードだけではありません。ボールをいろいろなところでつけるような「柔軟性《じゅうなんせい》（からだのやわらかさ）」がとても役立《やくだ》ちます。そこで、

▼両足《りょうあし》を伸《の》ばして座《すわ》り、からだの横《よこ》からボールを転《ころ》がしていく

ボールタッチの感覚《かんかく》を高《たか》めながら、腕《うで》やヒジや肩《かた》をやわらかくする練習《れんしゅう》を紹介《しょうかい》しましょう。

両足《りょうあし》を伸《の》ばして座《すわ》り、ボールを転《ころ》がしながらからだや両足《りょうあし》のまわりで動《うご》かし、一周《いっしゅう》したら逆《ぎゃく》にまわします。ボールを背中《せなか》の後《うし》ろに動《うご》かすときに、腕《うで》やヒジや肩《かた》をやわらかく使《つか》いましょう。

やってみよう

ドリブルで一周《いっしゅう》にもチャレンジ

両足《りょうあし》を伸《の》ばしたままボールを転《ころ》がして一周《いっしゅう》できたら、その姿勢《しせい》のままドリブルで一周《いっしゅう》する難《むずか》しい練習《れんしゅう》に挑戦《ちょうせん》してみよう。からだのやわらかさやボールタッチだけでなく、細《こま》かくボールをつくドリブルの力《ちから》も高《たか》まる。ミスをしてもがっかりすることはない。ミスをしたところから続《つづ》けながら一周《いっしゅう》してみよう

POINT

腕《うで》やヒジや肩《かた》をやわらかく使《つか》う

▼からだの後《うし》ろで左右《さゆう》に移動《いどう》させる。一周《いっしゅう》したら逆《ぎゃく》まわりも行《おこな》おう

▼からだをやわらかく使《つか》い、両足《りょうあし》の前《まえ》から左右《さゆう》に移動《いどう》させる

ふたつのボールを同時《どうじ》につこう

左右《さゆう》どちらの手《て》でもドリブルをつけるようになるためにいい練習《れんしゅう》があります。それはふたつのボールを使《つか》って行《おこな》います。

練習法《れんしゅうほう》

ボールを見《み》ない練習法《れんしゅうほう》

最初《さいしょ》はボールを見《み》てしまうかもしれないが、ボールを見《み》ないでもできるようになろう。そのためにいい練習方法《れんしゅうほうほう》がある。２人１組《ふたりひとくみ》になり、パートナーの子《こ》は、両手《りょうて》の指《ゆび》を何本《なんぼん》か立《た》てる。ドリブルしている子《こ》は、その指《ゆび》を足《た》し算《ざん》やかけ算《ざん》をして、数字《すうじ》を声《こえ》に出《だ》していい当《あ》てよう

▲１人《ひとり》が、ふたつのボールを持《も》つ

UP! レベルアップ

止《と》まった状態《じょうたい》でできるようになったら、前後《ぜんご》に歩《ある》きながら行《おこな》う

左右《さゆう》のボールが同《おな》じ高《たか》さになるようにコントロール！

試合《しあい》で使《つか》われるボールはひとつですが、ドリブルの練習《れんしゅう》ではふたつのボールを使《つか》うものもあります。それが「ツーボールドリブル」です。

1人《ひとり》の子《こ》が、ふたつのボールを持《も》って同時《どうじ》につきはじめます。最初《さいしょ》は、きき手《て》（得意《とくい》な手《て》）のボールが強《つよ》くはずむものですが、左右《さゆう》のボールが同《おな》じ高《たか》さになるようにコントロールしてください。このツーボールドリブルを通《つう》じて、左右《さゆう》いずれの手《て》でもドリブルができるようになるのです。止《と》まった状態《じょうたい》でできるようになったら、前後《ぜんご》に歩《ある》きながら行《おこな》ってみましょう。

POINT 左右《さゆう》のボールを同《おな》じ高《たか》さに

▲同《おな》じ高《たか》さでボールの勢《いきお》いを止《と》め、ボールをつき続《つづ》ける

▲同時《どうじ》に同《おな》じ強《つよ》さでボールを床《ゆか》につく

ふたつのボールを交互《こうご》につこう

ほかにもいろいろなツーボールドリブルがあります。左右《さゆう》のボールを交互《こうご》に、リズミカルにつきましょう。

練習法《れんしゅうほう》

難易度《なんいど》を上《あ》げてみよう

このツーボールドリブルをさらに、難《むずか》しくすることもできる。たとえば、ふたつのボールを同時《どうじ》にクロス（交差《こうさ》）させるツーボールドリブルや、右手《みぎて》で一《いち》度《ど》ボールをついているあいだに、左手《ひだりて》で二度《にど》ボールをつくようなツーボールドリブルもある。そういう難《むずか》しい練習《れんしゅう》にどんどんチャレンジしつつ、これまで紹介《しょうかい》した基本練習《きほんれんしゅう》も忘《わす》れないようにしよう

▲右手《みぎて》のボールを床《ゆか》につく

▶１人《ひとり》が、ふたつのボールを持《も》つ

左右《さゆう》のドリブルの強《つよ》さが違《ちが》うと ぎこちないドリブルになる……

1人《ひとり》の子《こ》が、ふたつのボールを使《つか》って練習《れんしゅう》する「ツーボールドリブル」をもうひとつ紹介《しょうかい》しましょう。今度《こんど》はボールを同時《どうじ》につくのではなく、ボールを左右交互《さゆうこうご》につきます。

この練習《れんしゅう》でも左右《さゆう》のドリブルの強《つよ》さが違《ちが》うと、ぎこちないドリブルになってしまいます。左右同《さゆうおな》じ強《つよ》さでリズムよくボールをつけるようになりましょう。このようなツーボールドリブルを通《つう》じて、左右両方《さゆうりょうほう》の手《て》のドリブルがさらに上達《じょうたつ》します。止《と》まった状態《じょうたい》でできるようになったら、前後《ぜんご》に歩《ある》きながら行《おこな》ってみましょう。

POINT
左右同《さゆうおな》じ強《つよ》さで リズムよくつく

▲同《おな》じ強《つよ》さで左手《ひだりて》のボールをつき、左右交互《さゆうこうご》にくり返《かえ》す

UP! レベルアップ

止《と》まった状態《じょうたい》でできるようになったら、前後《ぜんご》に歩《ある》きながら行《おこな》う

片手高低《かたてこうてい》ドリブル

高《たか》くついたり低《ひく》くついたりしよう

試合《しあい》でドリブルをどのように使《つか》うかによって、ボールをつく高《たか》さは変《か》わってきます。いろいろな高《たか》さでつけるようになりましょう。

ワンポイントアドバイス

手《て》から離《はな》れている時間《じかん》を短《みじか》く！

ドリブルをするときは、ボールを強《つよ》くつくことが大切《たいせつ》。手《て》からボールが離《はな》れている時間《じかん》が長《なが》いと、相手《あいて》にとられやすい……。強《つよ》くつき、その時間《じかん》を短《みじか》くすることによってボールがとられにくくなる。最初《さいしょ》は、ボールが強《つよ》くはね返《かえ》ってくると、手《て》でボールの勢《いきお》いを受《う》け止《と》められないかもしれない。それでもボールを強《つよ》くつくことを習慣《しゅうかん》にすることで、ボールの勢《いきお》いを手《て》で吸収《きゅうしゅう》する感覚《かんかく》がつかめてくるはず。ボールを弱《よわ》くつかないように気《き》をつけよう

◀ドリブルを続《つづ》けながら、腰《こし》の高《たか》さくらいでボールをつく

相手《あいて》がとりにきたとき ドリブルしながらまわりを 見《み》られるように

試合《しあい》ですぐに使《つか》えるドリブルのテクニックを紹介《しょうかい》していきましょう。ひとつ目《め》は、その場《ば》で胸《むね》の高《たか》さからヒザ下《した》の高《たか》さまで高低《こうてい》を使《つか》い分《わ》ける「片手高低《かたてこうてい》ドリブル」です。

これはドリブルのリズムやボールタッチをよくするためにもいい練習《れんしゅう》ですが、いろいろな高《たか》さでドリブルできることが試合《しあい》ですごく役《やく》に立《た》つのです。相手《あいて》がボールをとりにきたときには低《ひく》く、ドリブルしながらまわりを見《み》たいときには高《たか》く、というふうに試合《しあい》ではいろいろな高《たか》さでドリブルするテクニックが必要《ひつよう》となるのです。

POINT

まわりから「胸《むね》！」「腰《こし》！」「ヒザ！」と言《い》ってもらい、すぐにその高《たか》さでボールをつけるようになろう

▶ボールを強《つよ》くつき、胸《むね》の高《たか》さまでボールをはね上《あ》げてから勢《いきお》いを受《う》け止《と》める

▶ヒザ下《した》の低《ひく》いところで、ボールをすばやくつく

ボールを前後《ぜんご》に動《うご》かしながら相手《あいて》をかわそう

試合《しあい》ですぐに使《つか》えるドリブルのふたつ目《め》です。ときにはボールを後《うし》ろに下《さ》げるテクニックも必要《ひつよう》です。

ボールを一度《いちど》後《うし》ろに下《さ》げてドリブルを続《つづ》けよう

ドリブルで前進《ぜんしん》しようとしたとき、相手《あいて》がボールをとりにくることがあります。そういうときに前《まえ》に進《すす》むことばかり考《かんが》えていると、相手《あいて》にボールをとられてしまいますから、ボールを一度《いちど》後《うし》ろに下《さ》げてドリブルを続《つづ》

POINT

顔《かお》をしっかりと上《あ》げて、からだの後《うし》ろにボールを移動《いどう》させる

▲ヒザを曲《ま》げ、からだの横《よこ》でボールをつく

けましょう。それが「前後《ぜんご》ドリブル」です。

からだの横《よこ》でボールをつき、ボールを後《うし》ろに下《さ》げたあと、手《て》のひらを返《かえ》すようにしてボールを前《まえ》に押《お》し出《だ》します。ヒザを曲《ま》げ、体重移動《たいじゅういどう》を利用《りよう》しながら、顔《かお》をしっかりと上《あ》げてドリブルしましょう。そうすることによって、相手《あいて》にボールをとられなくなります。

ボールを下《した》から支《ささ》える

前後《ぜんご》ドリブルで一番難《いちばんむずか》しいのは、ボールを後《うし》ろに下《さ》げたとき。なぜなら自分《じぶん》が見《み》えないところで、ボールをコントロールしなくてはならないから。じっさいにからだの後《うし》ろから前《まえ》にボールを押《お》し出《だ》すとき、ボールを下《した》から支《ささ》えてしまうミスをよく目《め》にする。これはドリブルを一度《いちど》やめたと判断《はんだん》され、もう一度《いちど》ボールをつくと「ダブルドリブル」（124ページで説明《せつめい》）となり、相手《あいて》のボールになってしまうので気《き》をつけよう

▲体重移動《たいじゅういどう》を利用《りよう》しながら、スムーズにくり返《かえ》そう

▲手《て》のひらを返《かえ》すようにして、ボールを前《まえ》に押《お》し出《だ》す

左右《さゆう》にボールを動《うご》かそう

ボールをとりにきた相手《あいて》をかわすときや、攻撃《こうげき》する方向《ほうこう》を変《か》えたいときに役立《やくだ》つドリブルです。

指《ゆび》、手首《てくび》のスナップを使《つか》い からだの中心《ちゅうしん》に強《つよ》くつこう

からだの前《まえ》でボールを左右《さゆう》に動《うご》かすドリブルは、ボールをとりにきた相手《あいて》をかわすときや、攻撃《こうげき》する方《ほう》向《こう》を変《か》えたいときに、とても役立《やくだ》ちます。

ボールをつく指《ゆび》、手首《てくび》のスナップ（力《ちから》）を使《つか》い、からだの中心《ちゅうしん》に強《つよ》くつくことがポイントです。さらにヒザをやわらかく使《つか》い、低《ひく》い姿勢《しせい》でド

◀片方《かたほう》の手《て》でドリブルする

▼指《ゆび》、手首《てくび》のスナップ（力《ちから》）を使《つか》い、からだの中心《ちゅうしん》に強《つよ》くつく

ワンポイントアドバイス

相手からボールを遠ざける

ボールを左右に動かすドリブルには、左右の手をかえる「フロントチェンジ」というドリブルがある。ただし相手との距離が短いとき、このフロントチェンジドリブルをすると、ボールをとられてしまうことがある。理由は、からだの前でボールを動かすだけに相手も手を出しやすいから。そこで工夫してほしいのが足の使い方。ボールを動かしていく方向の足を後ろに引くことによって、相手からボールを遠ざけることができる。すると相手からボールをとられずドリブルを続けられるリブルすることによって、すぐに動き出すことができます。大きく左右にボールを動かすドリブルと、小さく左右に動かすドリブルを使い分けることも大切です。

逆の手でドリブルする

ボールをつく手《て》をかえてターンしよう

相手《あいて》が手《て》を出《だ》してきたときは、ボールを引《ひ》きながらターン。逆方向《ぎゃくほうこう》にドリブルできます。

▶からだの前《まえ》でボールをつく

◀ボールを引《ひ》きながら顔《かお》を後《うし》ろに振《ふ》って、ターンする

ワンポイントアドバイス

相手《あいて》をかわす用意《ようい》をしておく

バックターンドリブルは、ターンしたあとすぐにシュートを決《き》めるのが難《むずか》しいドリブルと言《い》える。また、ターンしたところを狙《ねら》ってボールをとろうとする相手《あいて》もいるので気《き》をつけなければならない。ターンして振《ふ》り向《む》いたとき、すぐに相手《あいて》をかわせる用意《ようい》をしておくことが大切《たいせつ》

ターンしながら手《て》をかえて逆方向《ぎゃくほうこう》にドリブルする

からだの前《まえ》でついているボールに対《たい》して、相手《あいて》が手《て》を出《だ》してきたら、ボールを動《うご》かしてとられないように気《き》をつけなければなりません。そのような、ボールを引《ひ》きながらからだをターンしたあと、さっと手《て》をかえて逆方向《ぎゃくほうこう》へと進《すす》むドリブルを「バックターン」と呼《よ》びます。

ボールと相手《あいて》とのあいだにからだを入《い》れ、背中《せなか》でボールを守《まも》るような格好《かっこう》になります。ただ、ゴールが見《み》えにくくなるので、このドリブルからすぐにシュートを決《き》めるのはとても難《むず》しいということを覚《おぼ》えておいてください。

POINT

ドリブルする手《て》をすばやくかえる

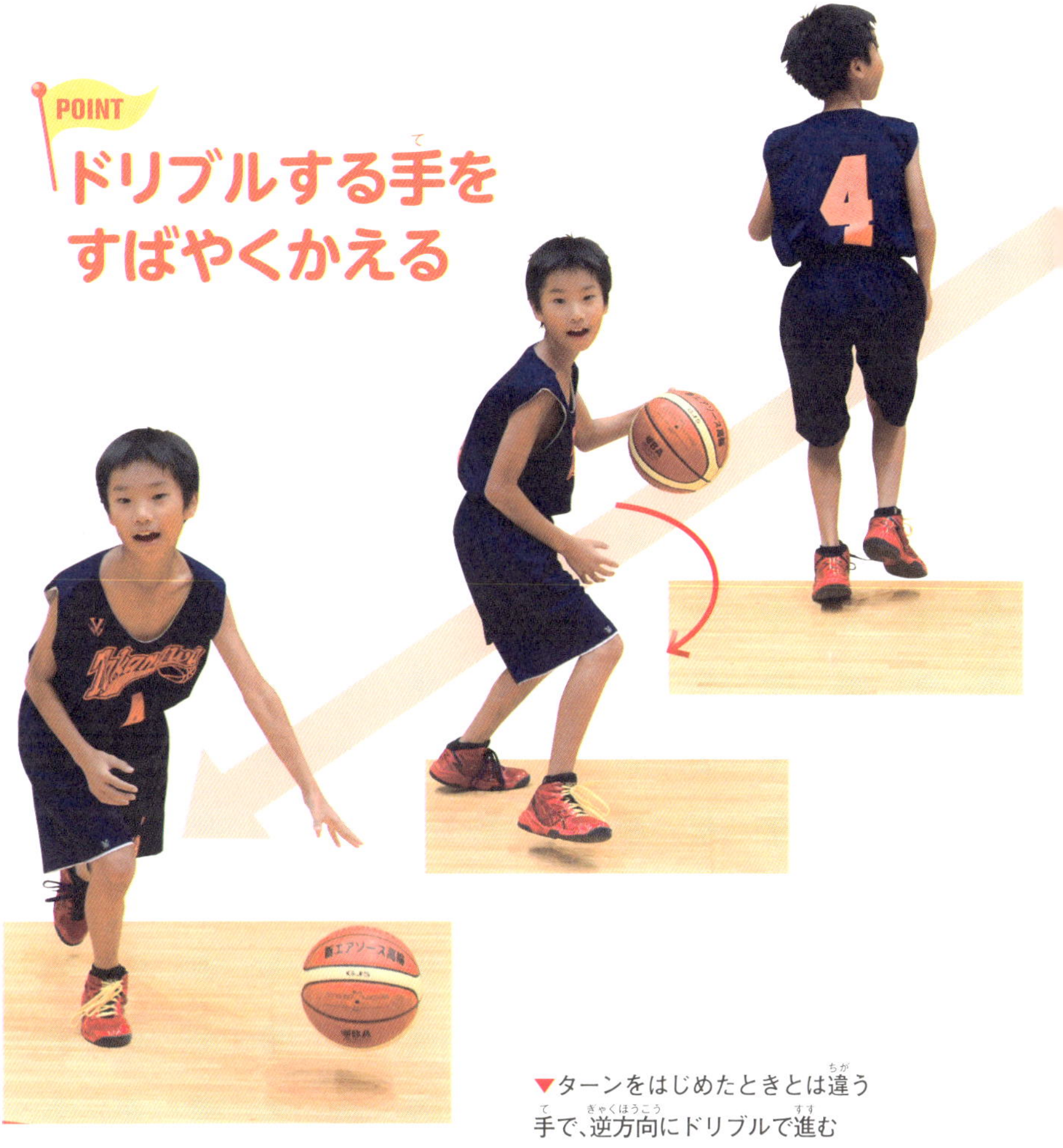

▼ターンをはじめたときとは違《ちが》う手《て》で、逆方向《ぎゃくほうこう》にドリブルで進《すす》む

ドリブルを続《つづ》けながらターンしよう

「バックターンドリブル」と「ロールターンドリブル」、ふたつのドリブルの違《ちが》いはなんだ？

POINT

からだの前《まえ》でボールをつく

▼ボールを引《ひ》きながら顔《かお》を後《うし》ろに振《ふ》って、ターンをする

ボールを手《て》で支《ささ》えながらターン

ターンしながらドリブルを続《つづ》けるには、すばやいターンが必要《ひつよう》になる。そこでポイントになるのが「顔《かお》を振《ふ》る動《うご》き」。このターンが遅《おそ》くなると、ターンしているあいだにボールを手《て》で支《ささ》えてしまうことが多《おお》くなる。これはドリブルを一度《いちど》やめたと判断《はんだん》され、もう一度《いちど》ボールをつくと「ダブルドリブル」（124ページで説明《せつめい》）となってしまうので注意《ちゅうい》しよう

ボールと相手のあいだにからだを入れ背中でボールを守る

前のページで紹介した「バックターンドリブル」に似ているのが、この「ロールターンドリブル」です。どこが違うかわかりますか？ ターンするとき、ドリブルする手をかえないで逆方向へ進むのが「ロールターンドリブル」の特徴です。

バックターンであればターンしながら、さっと手をかえて逆方向にドリブルできるのに対し、このロールターンだとすばやくターンしないとボールを下から持つ格好となってしまいます。そうなると相手のボールになってしまうので注意しましょう。

POINT
ドリブルする手をかえず同じ手でドリブルを続ける

背面《はいめん》でボールを左右《さゆう》に動《うご》かそう

相手《あいて》にボールをとられにくく、前《まえ》に進《すす》むスピードを落《お》とさずにボールを左右《さゆう》に動《うご》かすことができるドリブルを紹介《しょうかい》しましょう。

ボールが横《よこ》にいってしまう

バックビハインドドリブルの一番難《いちばんむずか》しいところは、腕《うで》やヒジや肩《かた》をやわらかく使《つか》ってボールをななめ前《まえ》につき出《だ》すこと。背面《はいめん》でボールを動《うご》かすと最初《さいしょ》は、横《よこ》のほうにボールがいってしまうもの。そうなるとドリブルのスピードが落《お》ち、相手《あいて》にドリブルを止《と》められてしまうので気《き》をつけよう

背面《はいめん》でボールを左右《さゆう》に動《うご》かし ななめ前《まえ》にボールをつき出《だ》す

からだの後《うし》ろ、言《い》いかえると背面《はいめん》でボールを左右《さゆう》に動《うご》かし、ななめ前《まえ》にボールをつき出《だ》すドリブルを「バックビハインド」と言《い》います。74ページで「腕《うで》やヒジや肩《かた》をやわらかく使《つか》うように」と解説《かいせつ》しましたが、そのようなやわらかさがこのバックビハインドドリブルにも生《い》かされます。

ボールをからだの前《まえ》で動《うご》かさないので相手《あいて》にとられにくく、前《まえ》に進《すす》むスピードを落《お》とさずにボールを左右《さゆう》に動《うご》かすことができます。ただし、難《むずか》しいドリブルのテクニックなので、何度《なんど》も練習《れんしゅう》してから試合《しあい》で使《つか》いましょう。

POINT

スピードを落《お》とさずに ドリブルを続《つづ》ける

両足《りょうあし》のあいだでボールを左右《さゆう》に動《うご》かそう

もうひとつ、難《むずか》しいドリブルを紹介《しょうかい》しましょう。これができるようになると、いつでもボールを左右《さゆう》に動《うご》かせます。

POINT

両足《りょうあし》をしっかりと開《ひら》く

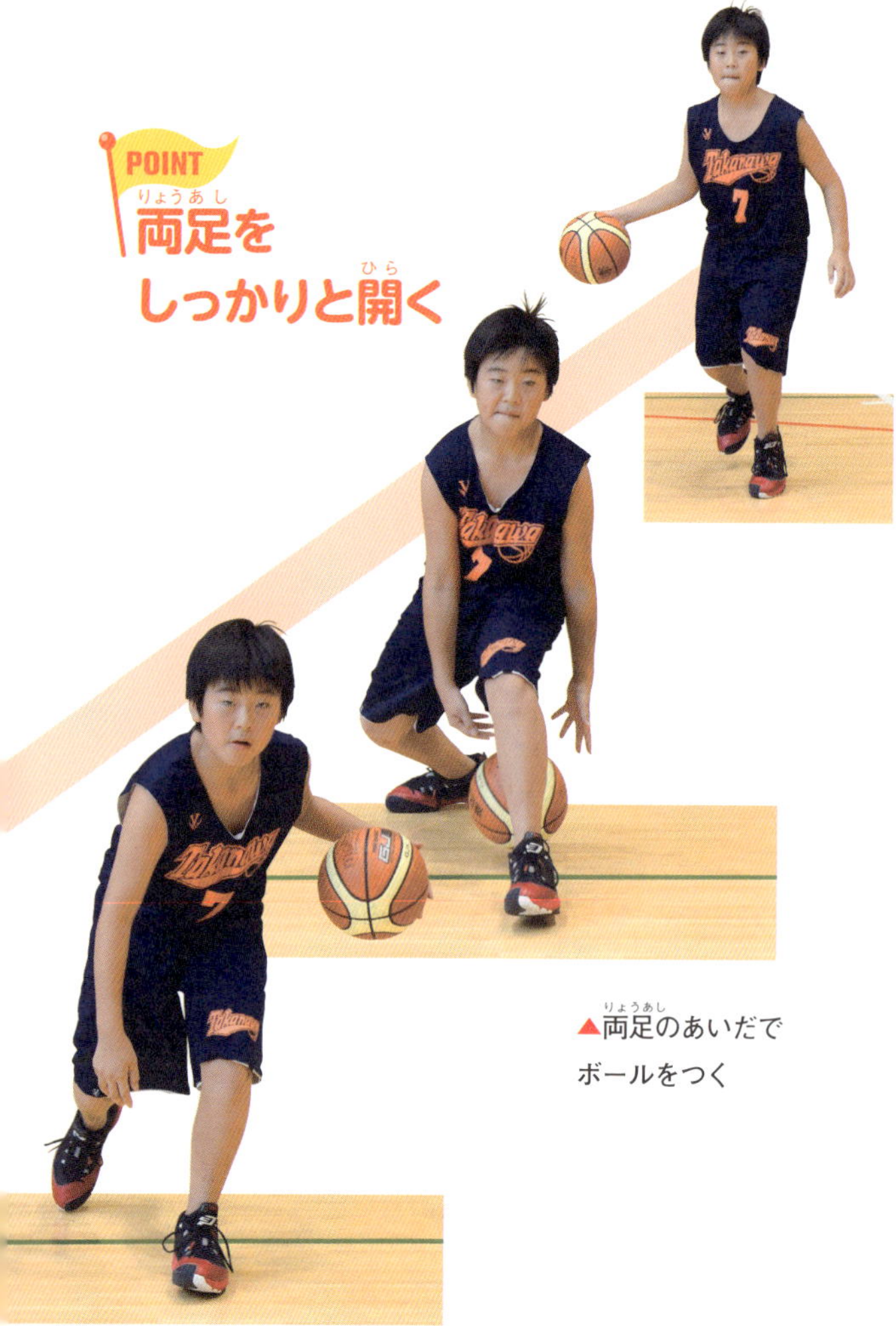

▲両足《りょうあし》のあいだでボールをつく

両足《りょうあし》の開《ひら》きが狭《せま》い

このレッグスルードリブルを使《つか》うときも、ボールを見《み》ないで行《おこな》うことが大切《たいせつ》。それだけに、両《りょう》足《あし》をしっかりと開《ひら》き、ボールを通《とお》しやすくしたほうが安全《あんぜん》。両《りょう》足《あし》の開《ひら》きが狭《せま》いと、ボールが足《あし》にぶつかってしまうので注意《ちゅうい》しよう

足でボールを守る格好になりとられにくい

相手との距離が短いときは、からだの前でボールを左右に動かすことが難しくなります。そういうときに使ってほしいのが、両足のあいだでボールをついて左右に動かす「レッグスルードリブル」です。

足でボールを守る格好となるため、ボールがとられにくくなります。だからと言って何度も同じドリブルを使うと、相手にその動きを読まれとられてしまうので、使うタイミングを工夫しましょう。これも難しいドリブルなので試合で使う前に、何度も練習しておきましょう。

▶左右に移動したボールの勢いを逆の手ですぐに止めて、ドリブルを続ける

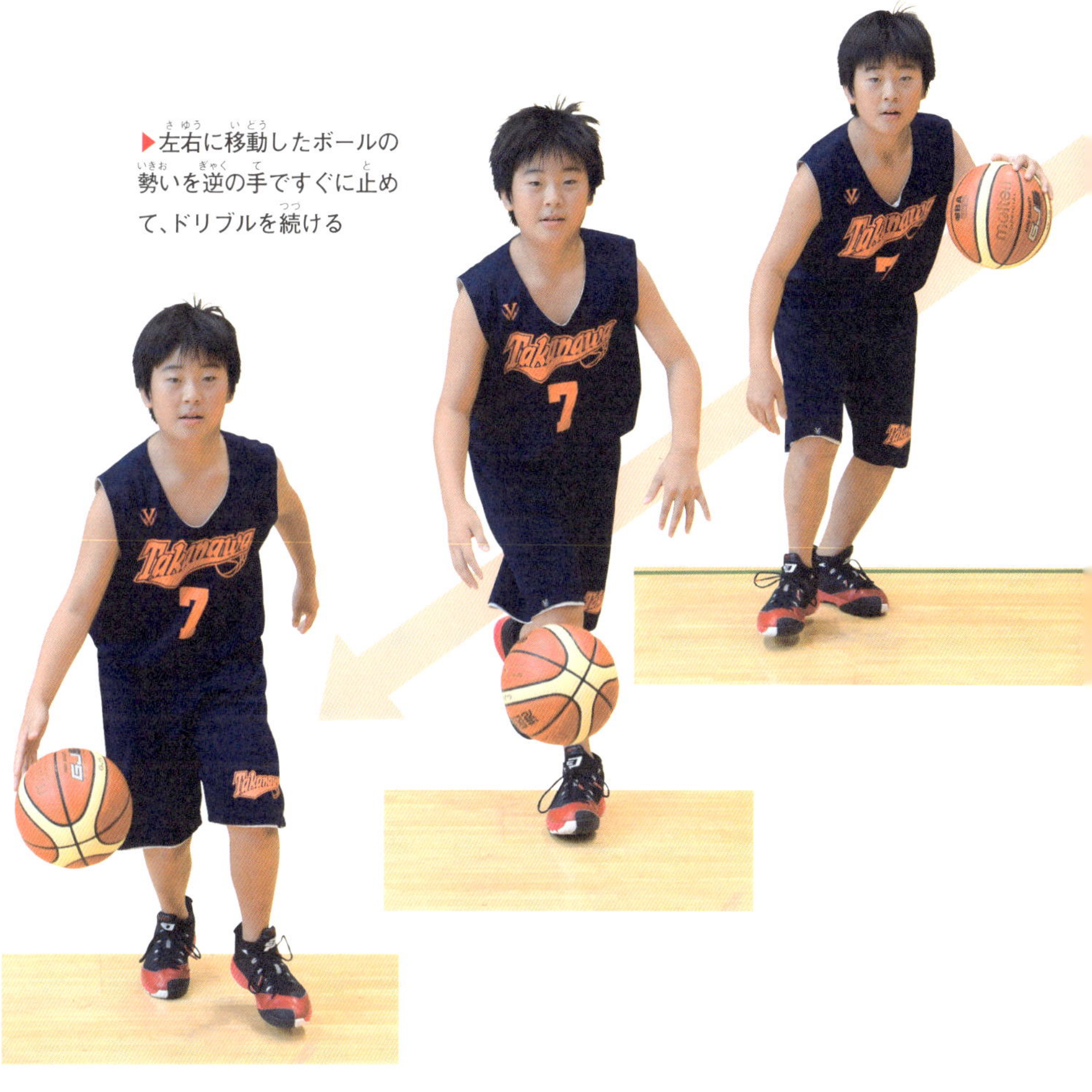

センターサークルを使《つか》って ドリブル遊《あそ》びを楽《たの》しもう

ドリブルを楽《たの》しみながら上達《じょうたつ》させる遊《あそ》びがあります。センターサークルを使《つか》う「ドリブル相撲《ずもう》」です。

相手《あいて》のボールをとったり 押《お》し出《だ》したら勝《か》ちとなる

センターサークルのラインを使《つか》うドリブルの遊《あそ》びがあります。2人《ふたり》がひとつずつボールを持《も》って行《おこな》うこの遊《あそ》びは「ドリブル相撲《ずもう》」と言《い》います。

自分《じぶん》のボールを相手《あいて》にとられないように守《まも》りながらドリブルし、相手《あいて》のボールをとったり、サークルの外《そと》にはじき出《だ》したら勝《か》ちになります。

また、お互《たが》いにドリブルしながら

▲2人《ふたり》がひとつずつボールを持《も》って、センターサークルで向《む》き合《あ》う

▲相手《あいて》のボールをとったり、サークルの外《そと》にはじき出《だ》したら勝《か》ち

押《お》し合《あ》い、相手《あいて》をサークルの外《そと》に押《お》し出《だ》したり、バランスをくずして倒《たお》しても勝《か》ちになります。なかなか勝負《しょうぶ》がつかないときは、30秒間《びょうかん》や1分間《ぷんかん》に時間《じかん》を制限《せいげん》するといいでしょう。

練習法《れんしゅうほう》

センターサークルを使《つか》ってドリブル練習《れんしゅう》

センターサークルのラインは、ほかにもいろいろなドリブル練習《れんしゅう》で使《つか》える。たとえば、サークルに沿《そ》ってドリブルすることによって、カーブを描《えが》くようなドリブルができるようになる。このドリブルのポイントは、からだを少《すこ》し傾《かたむ》けることと、遠《えん》心力《しんりょく》に負《ま》けないように内側《うちがわ》に低《ひく》く強《つよ》くつくこと。チーム全員《ぜんいん》で一斉《いっせい》に行《おこな》い、センターサークルをまわってからシュートを決《き》めると、練習《れんしゅう》の雰囲気《ふんいき》がすごく盛《も》り上《あ》がるぞ！

▲◀自分《じぶん》のボールを相手《あいて》にとられないように守《まも》りながらドリブルし、相手《あいて》のボールをとりにいく

POINT

ボールは相手《あいて》から離《はな》れた場所《ばしょ》で持《も》つ

相手《あいて》を押《お》し出《だ》す

▲相手《あいて》をサークルの外《そと》に押《お》し出《だ》しても勝《か》ち

コラム②シューズの選《えら》び方《かた》

大人《おとな》のシューズは格好《かっこう》いい！
と思《おも》ってブカブカのシューズを
履《は》いていませんか？

バスケットボールはいろいろな動《うご》きをするスポーツです。走《はし》る、止《と》まる、ジャンプする、着地《ちゃくち》する、そしてまた走《はし》る。ときには相手《あいて》とぶつかることもあるだけに、安全《あんぜん》に楽《たの》しむことを忘《わす》れてはいけません。そこでまずは、バスケットボールを行《おこな》うときに履《は》くシューズを正《ただ》しく選《えら》ぶことからはじめましょう。次《つぎ》のようなものが「サイズ」の目安《めやす》です。

●かかとを合《あ》わせたとき、つま先《さき》に１センチくらいの余裕《よゆう》を持《も》たせます。足《あし》の指《ゆび》が動《うご》くくらいのサイズです。

●横幅《よこはば》がきつすぎても、余《あま》りすぎてもよくありません。

●足首《あしくび》のフィット感《かん》（履《は》きごこち）をたしかめてください。

サイズを決《き》めるときはこのようなことに注意《ちゅうい》し、必《かなら》ずいつも使《つか》うソックスを履《は》いてたしかめましょう。また、左右《さゆう》の足《あし》でサイズが少《すこ》し違《ちが》う子《こ》も多《おお》いので、両方《りょうほう》の足《あし》を履《は》くことも大切《たいせつ》です。そして座《すわ》ってではなく必《かなら》ず立《た》った状態《じょうたい》で、履《は》きごこちをたしかめてください。

次《つぎ》に目《め》を向《む》けてほしいのはシューズの「機能《きのう》」です。

●つま先《さき》から３分《ぶん》の１くらいのところで靴底《くつぞこ》がやわらかく曲《ま》がるといいです。

●足首《あしくび》を包《つつ》みこむものがおすすめですが、足首《あしくび》を固《かた》めすぎるとかえって動《うご》きにくくなります。

●軽《かる》くジャンプしたときに、足《あし》が痛《いた》くならないくらいの適度《てきど》なクッション性《せい》があるか、履《は》いてたしかめてください。

わからないことがあったら店員《てんいん》の方《かた》や監督《かんとく》に相談《そうだん》して、正《ただ》しいシューズを選《えら》ぶようにしましょう！

第《だい》5章《しょう》

友《とも》だちにボールをわたそう

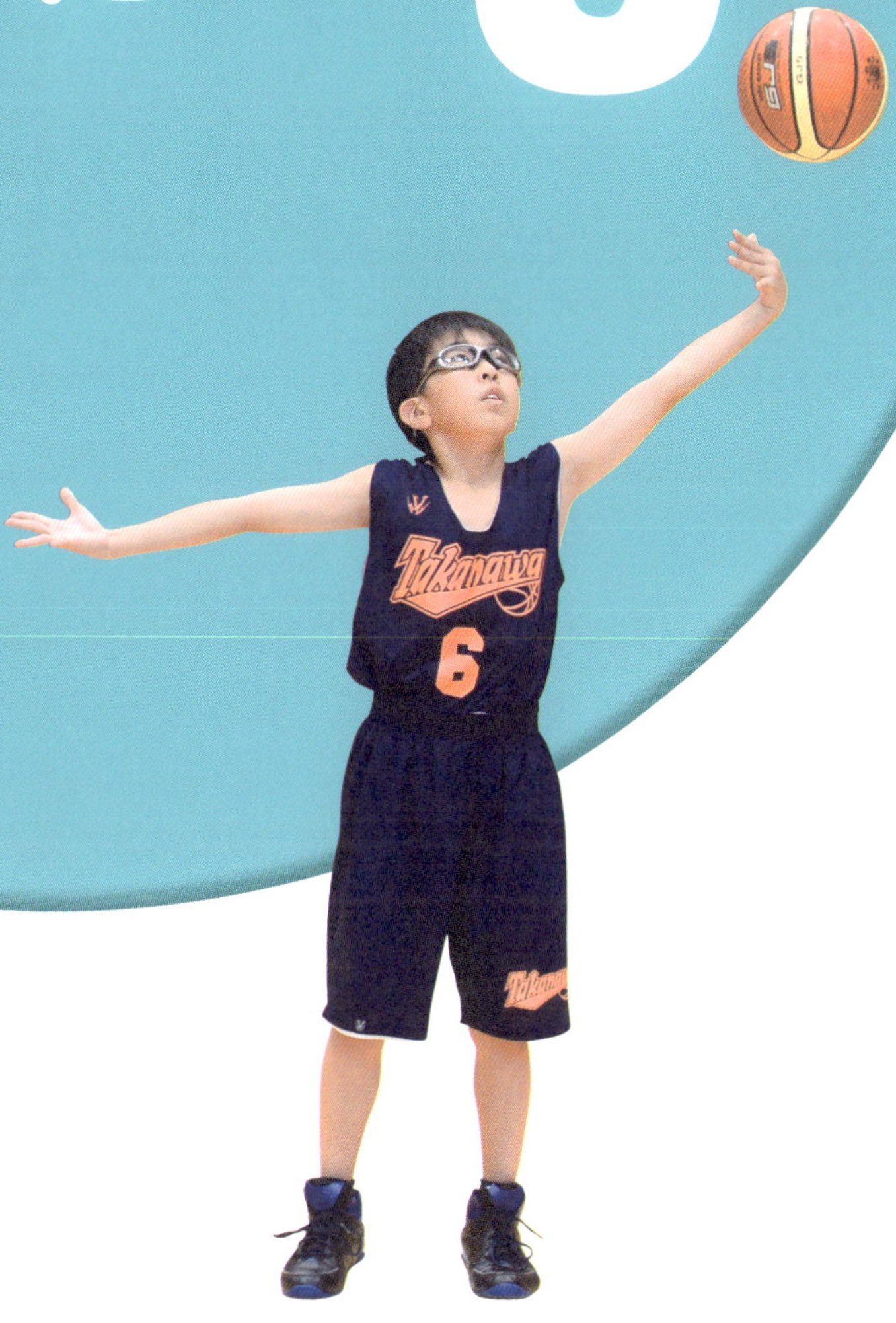

正《ただ》しい姿勢《しせい》のパスとキャッチを習慣《しゅうかん》にしよう

バスケットボールは、5人対《にんたい》5人《にん》のチームスポーツ。それだけに「パス」を上手《じょうず》に使《つか》うことが勝《か》ちにつながります。

[パスを出《だ》す基本姿勢《きほんしせい》]

パスを出《だ》すときに大事《だいじ》なことは、相手《あいて》に『パスだ』と読《よ》まれないこと。つまり、シュートやドリブルもすぐにできる姿勢《しせい》から、パスすることが大切《たいせつ》。この姿勢《しせい》からのいろいろなパスの出《だ》し方《かた》については、次《つぎ》のページから紹介《しょうかい》しよう

[パスを受《う》ける基本姿勢《きほんしせい》]

ボールを持《も》っていない子《こ》は、いつでもパスを受《う》けられる姿勢《しせい》をとっていなければならない。ボールをしっかりと見《み》て、パスを出《だ》す子《こ》に対《たい》して手《て》のひらを向《む》ける。そしてヒザを軽《かる》く曲《ま》げて、パスを受《う》けたあとにすぐにプレーできるような姿勢《しせい》をとる

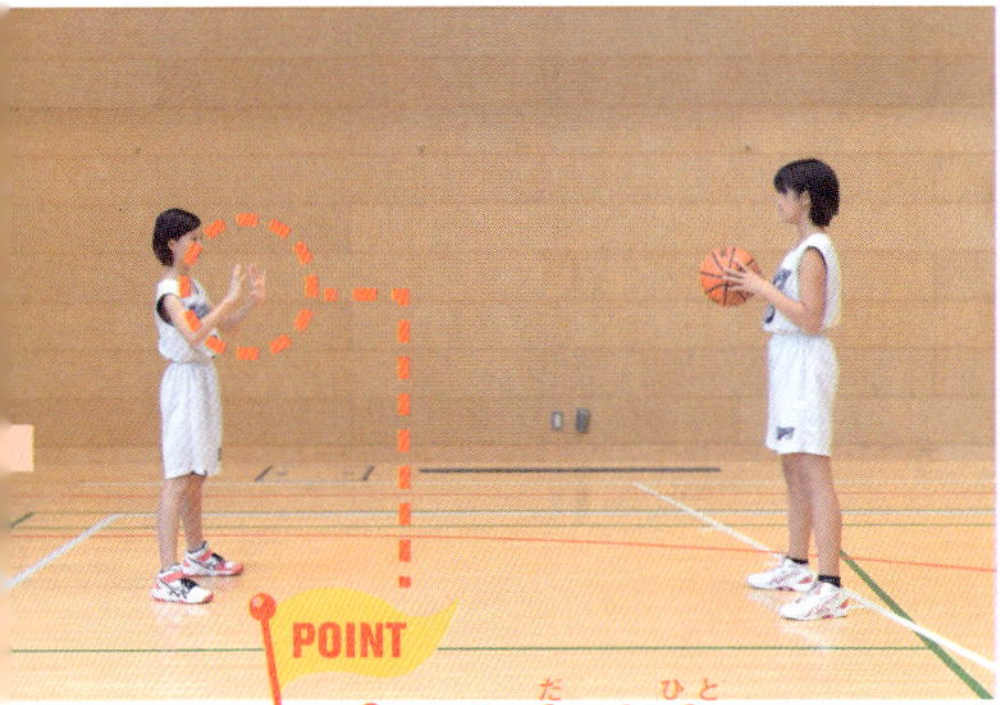

POINT

パスを出《だ》す人《ひと》に手《て》のひらを向《む》ける

指《ゆび》をボールに向《む》ける

パスを受《う》けるときに、指《ゆび》をボールに向《む》けると、つき指《ゆび》してしまう。5本《ほん》の指《ゆび》をしっかりと開《ひら》き、手《て》のひらを相手《あいて》に向《む》けるように心《こころ》がけよう

人《ひと》が動《うご》くよりもボールを投《な》げたほうが早《はや》い！

バスケットボールは、自分《じぶん》の得点《とくてん》だけで勝《か》てるスポーツではありません。仲間《なかま》といっしょに攻撃《こうげき》し、みんなで得点《とくてん》することによって勝《か》つ可能性《かのうせい》が高《たか》くなるのです。

そのように、仲間《なかま》と協力《きょうりょく》するうえで欠《か》かせないのが「パス」です。自《じ》分《ぶん》がシュートを打《う》てないときはドリブルすることもできますが、人《ひと》が動《うご》くよりもボールを投《な》げたほうが早《はや》くボールを移動《いどう》させることができます。それによって相手《あいて》は守《まも》りづらくなるのです。

いろいろなパスを覚《おぼ》える前《まえ》にまずは、基本姿勢《きほんしせい》をとってみましょう。

POINT

シュートやドリブルもできる姿勢《しせい》からパスを出《だ》す

自分《じぶん》の胸《むね》から相手《あいて》の胸《むね》にパス！

バスケットボールをはじめたばかりの子《こ》はまず、仲間《なかま》の胸《むね》に向《む》かって両手《りょうて》でパスしてみましょう。

自分《じぶん》の「チェスト（胸《むね》）」から相手《あいて》の「チェスト（胸《むね》）」に

自分《じぶん》がパスを出《だ》すところ、相手《あいて》のいるところによって、いろいろなパスを使《つか》い分《わ》けなくてはいけません。そのなかでまず覚《おぼ》えてほしいのが「チェストパス」です。

「チェスト（胸《むね》）」という文字通《もじどお》り、自分《じぶん》の胸《むね》から相手《あいて》の胸《むね》を目《め》がけて両手《りょうて》で出《だ》すパスです。両手《りょうて》で適度《てきど》に強《つよ》いパスを出《だ》すことによって、パスを受《う》けた子《こ》はシュートを打《う》ちやすくなります。なぜなら弱《よわ》いパスだとボールの移動《いどう》が遅《おそ》いぶん、相手《あいて》にとられやすいからです。ただし、近《ちか》くにいるのに強《つよ》いパスを出《だ》すと受《う》けにくいので注意《ちゅうい》しましょう。

手首《てくび》が前《まえ》に倒《たお》れている

左右《さゆう》のヒジを張《は》りすぎると、力《ちから》がボールにつたわらない。また、ボールを前《まえ》に押《お》し出《だ》すような格好《かっこう》になると、弱《よわ》いパスになってしまう。手首《てくび》が前《まえ》に倒《たお》れるような格《かっ》好《こう》にならないように気《き》をつけよう

◀ボールを両手《りょうて》で持《も》ち、胸《むね》の前《まえ》でかまえる

POINT

ボールが同時《どうじ》に両手《りょうて》から離《はな》れるようにパスする

◀パスを出《だ》したあとは、左右《さゆう》の手《て》の甲《こう》が合《あ》わさるような格好《かっこう》になる

バウンドさせてパスしよう

パスにはノーバウンドで届《とど》かせるものだけでなく、バウンドさせるパスもあります。両方《りょうほう》を上手《じょうず》に使《つか》い分《わ》けましょう。

中間《ちゅうかん》よりややパスを受《う》ける子《こ》に近《ちか》いほうにバウンドさせる

相手《あいて》がチェストパスのコースをおさえているときは、下《した》のほうにパスを出《だ》し一度《いちど》、床《ゆか》にバウンドさせる方法《ほうほう》もあります。これを「バウンスパス」と言《い》います。

チェストパスに比《くら》べると弱《よわ》いパスになりますが、パスを受《う》けやすくなります。また、走《はし》りこむところにタイミングを合《あ》わせたいときにも使《つか》えます。ポイントはバウンドさせる場《ば》

▲パスの基本姿勢《きほんしせい》をとる

バウンドが近《ちか》すぎる

バウンドさせる場所《ばしょ》が、パスを受《う》ける子《こ》に近《ちか》すぎると、ボールが足《あし》にぶつかるなどしてとりにくい。仲間《なかま》がとりやすいバウンスパスを出《だ》そう

所《しょ》。パスを出《だ》す子《こ》は、中間《ちゅうかん》よりややパスを受《う》ける子《こ》に近《ちか》いほうにバウンドさせます。バウンドして山《やま》なりになったり、足《あし》もとでバウンドさせないように！

ワンポイントアドバイス

両手《りょうて》は下《した》に向《む》けておく

パスを受《う》ける子《こ》は、バウンスパスが足《あし》もとにきてもキャッチできるようにしておこう。両手《りょうて》を下《した》に向《む》けてかまえておくのがポイント

POINT

中間《ちゅうかん》よりやや向《む》こうに

▲中間《ちゅうかん》よりややパスを受《う》ける子《こ》に近《ちか》いほうにバウンドさせる

▲バウンドしてはね返《かえ》るボールをキャッチする

長《なが》い距離《きょり》のパスを出《だ》してみよう

近《ちか》くにいる仲間《なかま》に出《だ》すパスだけでなく、遠《とお》くにいる仲間《なかま》に出《だ》すパスも身《み》につけましょう。

[オーバーヘッドパス]

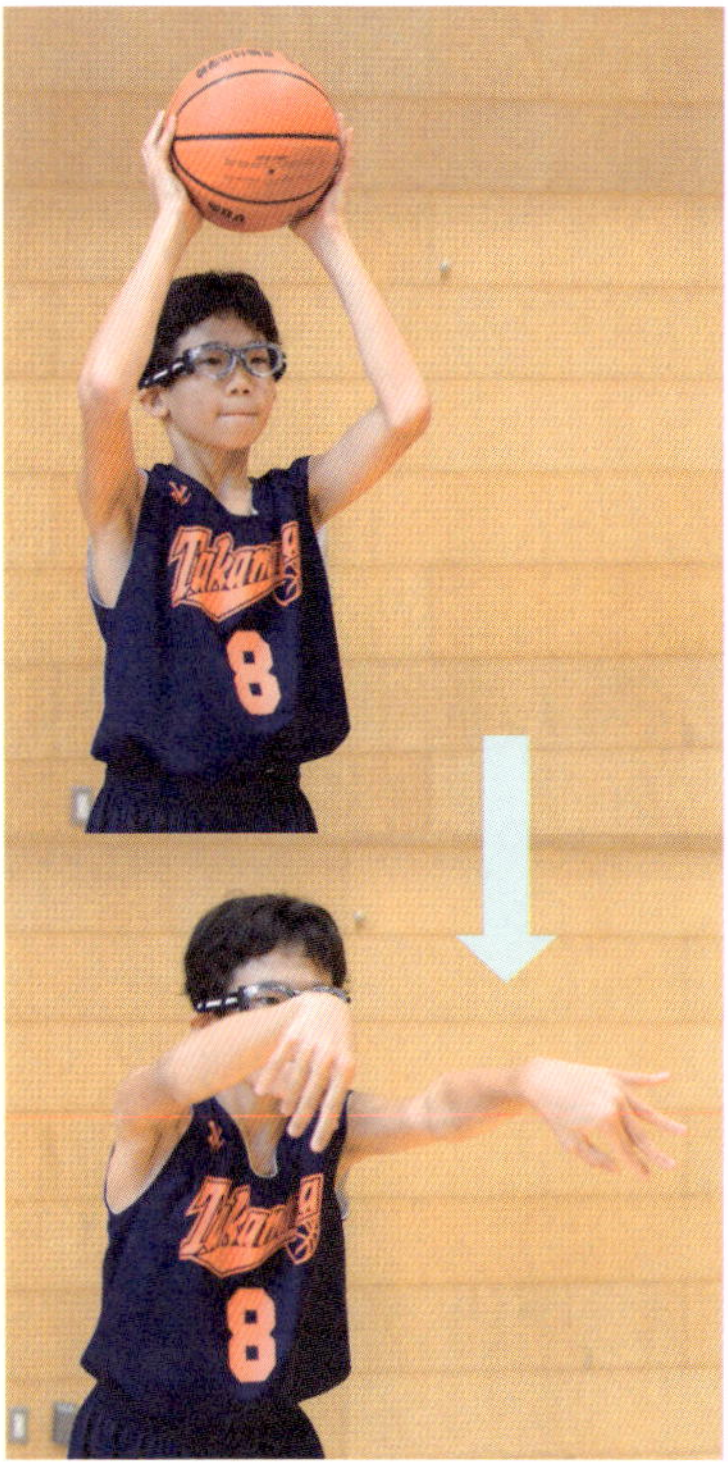

◀頭《あたま》の上《うえ》にボールを持《も》ち上《あ》げる

◀腕《うで》の振《ふ》り下《お》ろしや手首《てくび》のスナップで、ボールをコントロールする

▲手首《てくび》のスナップをきかせてパスを出《だ》す

距離《きょり》があるときに使《つか》えるふたつのパス

試合《しあい》では、チェストパスやバウンスパスでは届《とど》かない場所《ばしょ》にパスを出《だ》したいときもあります。そこで距離《きょり》があるときに使《つか》えるパスをふたつ紹介《しょうかい》しましょう。

ひとつは頭《あたま》の上《うえ》から両手《りょうて》で出《だ》す「オーバーヘッドパス」です。コートの逆《ぎゃく》サイドにいる仲間《なかま》にパスしたいときや、相手《あいて》の頭《あたま》の上《うえ》にパスコースがあるときに使《つか》えます。

もうひとつは片手《かたて》で投《な》げる「ショルダーパス」です。相手《あいて》コートに向《む》かって走《はし》る仲間《なかま》にパスするときなど、距離《きょり》があるときに使《つか》えます。

ボールを後《うし》ろに引《ひ》きすぎ

オーバーヘッドパスもショルダーパスも、ボールを大《おお》きく後《うし》ろに引《ひ》くと、動《うご》きが遅《おそ》くなり相手《あいて》にとられてしまうので、注意《ちゅうい》しよう

[ショルダーパス]

▲顔《かお》の横《よこ》でボールを持《も》ってかまえる

ディフェンスに とられないようにパスしよう

ふたつのステップを使《つか》い分《わ》けて左右《さゆう》にズレをつくり、確実《かくじつ》にパスを出《だ》しましょう。

軸足《じくあし》が離《はな》れている

片方《かたほう》の足《あし》を動《うご》かしながらパスを出《だ》したとき、もう一方《いっぽう》の足《あし》（軸足《じくあし》）を床《ゆか》から離《はな》さないように気《き》をつけよう。軸足《じくあし》を離《はな》して３歩目《ぼめ》になると「トラベリング」となり、相手《あいて》のボールになってしまう（124ページで説明《せつめい》）

［オープンステップ］

［クロスステップ］

オープンステップとクロスステップ

　自分《じぶん》の正面《しょうめん》に相手《あいて》がいるときは、左右《さゆう》のどちらかに足《あし》を踏《ふ》みこむことによって、パスが出《だ》しやすくなります。

　右足《みぎあし》を右側《みぎがわ》に、左足《ひだりあし》を左側《ひだりがわ》に踏《ふ》みこむことを「オープンステップ」と言《い》います。また、右足《みぎあし》を左側《ひだりがわ》に、左《ひだり》足《あし》を右側《みぎがわ》に踏《ふ》みこむことを「クロスステップ」と言《い》います。このふたつのステップを、パスを出《だ》す方向《ほうこう》によって使《つか》い分《わ》けましょう。

　そのときは片手《かたて》のパスになります。ステップを踏《ふ》んでから強《つよ》いパスを出《だ》したり、片手《かたて》でバウンスパスを出《だ》したりする練習《れんしゅう》をしてみましょう。

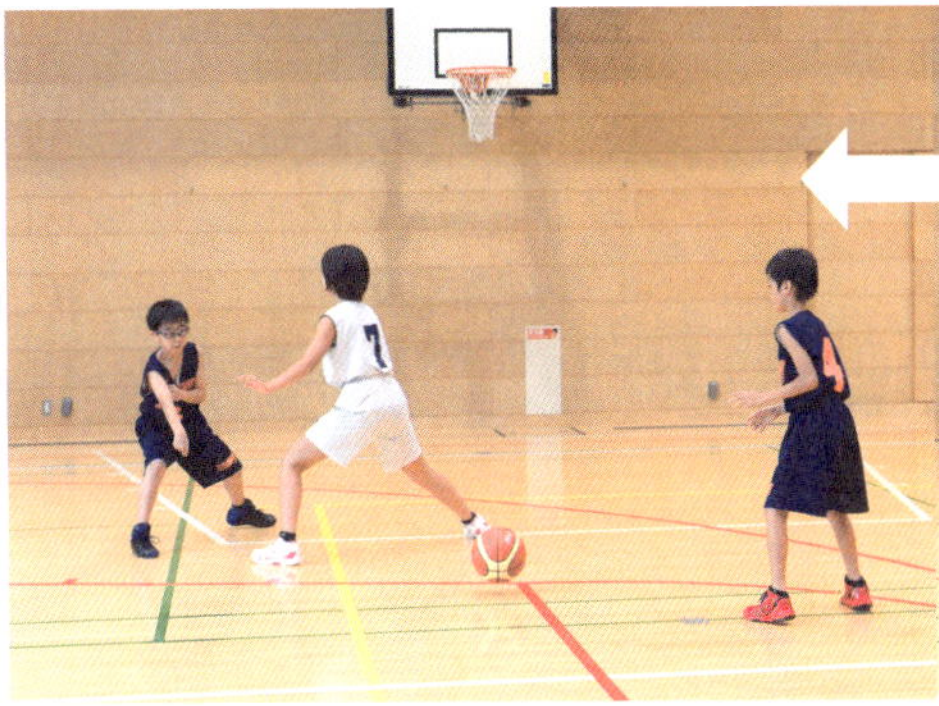
▲片手《かたて》で正確《せいかく》にパスを出《だ》そう

▲右足《みぎあし》を右側《みぎがわ》に大《おお》きく踏《ふ》みこむことによって、相手《あいて》とのズレをつくることができる

▲相手《あいて》にからだを入《い》れてボールを守《まも》りながら、パスを出《だ》す格好《かっこう》になる

▲左足《ひだりあし》を右側《みぎがわ》にクロスさせて踏《ふ》みこむ

片手《かたて》で相手《あいて》を越《こ》えるパスを

大《おお》きな相手《あいて》が目《め》の前《まえ》にいても怖《こわ》がることはありません。フックパスで仲間《なかま》と攻撃《こうげき》しましょう。

練習法《れんしゅうほう》

フワリとしたボールを出《だ》す練習《れんしゅう》

腕《うで》を伸《の》ばして片手《かたて》でボールを扱《あつか》う感覚《かんかく》を高《たか》める練習《れんしゅう》がある。体育《たいいく》館《かん》に引《ひ》かれているラインに沿《そ》って、左右《さゆう》に両《りょう》手《て》を広《ひろ》げる。片手《かたて》でボールを持《も》ち、ライン上《じょう》でフワリとしたボールを左右《さゆう》に移動《いどう》させる。これをくり返《かえ》すことによって、フックシュートやフックパスの基本《きほん》が備《そな》わる

遠《とお》いほうの手《て》でボールを持《も》ち逆《ぎゃく》の手《て》で相手《あいて》をブロック

自分《じぶん》の前《まえ》に大《おお》きな相手《あいて》がいるときに使《つか》えるシュートとして、「フックシュート」というテクニックがあります（138ページで説明《せつめい》）。からだの幅《はば》を使《つか》い、相手《あいて》の頭越《あたまご》しにフワリと浮《う》かせるシュートですが、そのテクニックがそのまま「フックパス」として使《つか》えます。

相手《あいて》に対《たい》して半身《はんみ》になり、ボールを持《も》っていない手《て》で相手《あいて》をブロック。そして相手《あいて》から遠《とお》いほうの手《て》でボールを持《も》ち、腕《うで》をいっぱいに伸《の》ばしてパスを出《だ》します。ただし、フックシュートの場合《ばあい》はフワリとしたボールになりますが、パスの場合《ばあい》は高《たか》さを調整《ちょうせい》しましょう。

◀相手《あいて》から遠《とお》いほうの手《て》でボールを持《も》ち、相手《あいて》に対《たい》して半身《はんみ》になる

◀ボールを持《も》っていない手《て》で相手《あいて》をブロックする

◀腕《うで》をいっぱいに伸《の》ばして、高《たか》さをコントロールしながらパスを出《だ》す

パス練習《れんしゅう》を工夫《くふう》しよう

難《むずか》しいパス練習《れんしゅう》にも挑戦《ちょうせん》しながら、試合《しあい》で使《つか》えるパスを身《み》につけていきましょう。

[ランニングパス]

▲2人《ふたり》が走《はし》りながらパスを出《だ》し合《あ》う。チェストパスで行《おこな》ったあとは、バウンスパスでもやってみよう。ポイントは仲間《なかま》が走《はし》る先《さき》にパスを出《だ》すこと

[ツーボールパス]

◀1人《ひとり》がチェストパス、もう1人《ひとり》がバウンスパスを同時《どうじ》に出《だ》す。これをくり返《かえ》したあとは、パスの種《しゅ》類《るい》をお互《たが》いに変《か》えて続《つづ》けよう

2人《ふたり》が走《はし》るパス練習《れんしゅう》やふたつのボールを使《つか》う練習《れんしゅう》を

いろいろなパス練習《れんしゅう》をしましょう。たとえば止《と》まった状態《じょうたい》だけでなく、2人《ふたり》が走《はし》りながらパスを出《だ》し合《あ》うことによって、コンビネーションを高《たか》めることができます。止《と》まった状《じょう》態《たい》とは違《ちが》い、走《はし》っているときは、仲《なか》間《ま》が走《はし》る先《さき》にパスを出《だ》すことが大切《たいせつ》です。

また、2人《ふたり》でふたつのボールを使《つか》うパス練習《れんしゅう》もあります。1人《ひとり》がチェストパス、もう1人《ひとり》がバウンスパスを同時《どうじ》に出《だ》します。これをくり返《かえ》すことによって、パスを出《だ》したあとすぐにキャッチの姿勢《しせい》をとる習慣《しゅうかん》をつけることもできるんですよ!

第《だい》6章《しょう》

相《あい》手《て》の攻《こう》撃《げき》を止《と》めよう

強《つよ》いディフェンス力《りょく》を武器《ぶき》にしよう

バスケットボールの試合《しあい》で勝《か》つには、ボールを持《も》っていないときもがんばらなくてはいけません。相手《あいて》に得点《とくてん》をさせない強《つよ》さを身《み》につけましょう。

ボール側《がわ》の手《て》
片方《かたほう》の手《て》をボールにかざし、ドリブルやシュートを警戒《けいかい》する
両足《りょうあし》の幅《はば》
肩幅《かたはば》くらいに開《ひら》いて、低《ひく》い姿勢《しせい》をとる

腰《こし》を低《ひく》く落《お》とし強《つよ》い気持《きも》ちを持《も》とう

ボールを持《も》つ相手《あいて》に得点《とくてん》されないように、自分《じぶん》たちのゴールを守《まも》ることを「ディフェンス」と言《い》います。守《まも》りながら相手《あいて》にプレッシャーをかけて、ボールをとれることが理想《りそう》です。でも、相手《あいて》を自分《じぶん》たちのゴールへと近《ちか》づかせず、難《むずか》しいシュートを打《う》たせるのもディフェンスの狙《ねら》いのひとつです。

そのなかでまず覚《おぼ》えてほしいのが、ディフェンスの基本姿勢《きほんしせい》です。ただ立《た》っているだけでは、相手《あいて》がイヤがるようなディフェンスはできません。腰《こし》を低《ひく》く落《お》とし、『絶対《ぜったい》に得点《とくてん》させない』という強《つよ》い気持《きも》ちを持《も》ちましょう。

ボールがないほうの手《て》
相手《あいて》のパスを警戒《けいかい》する

目《め》
ボールだけでなく相《あい》手《て》の動《うご》きもとらえる

POINT
腰《こし》を低《ひく》く落《お》とす

ワンポイントアドバイス

ディフェンスをがんばらないと試合《しあい》に負《ま》けてしまう

ボールを使《つか》うシュートやドリブルは好《す》きな子《こ》がたくさんいる一方《いっぽう》で、ボールを使《つか》わないディフェンスはなかなか好《す》きになってもらえない。では、どうすればディフェンスが好《す》きになれると思《おも》う？　それはディフェンスをがんばって試合《しあい》で勝《か》つ喜《よろこ》びを感《かん》じること。ディフェンスをがんばらないと、試合《しあい》で負《ま》けてしまうことを覚《おぼ》えておこう

×
上半身《じょうはんしん》が高《たか》い

低《ひく》い姿勢《しせい》をとらずに立《た》ったままだと、相手《あいて》のすばやい動《うご》きについていけないので、注意《ちゅうい》しよう

相手《あいて》をゴールへと近《ちか》づかせない

ゴールに向《む》かってドリブルしようとする相手《あいて》を食《く》い止《と》めるフットワークを紹介《しょうかい》しましょう。

▼ 前《まえ》のページで紹《しょう》介《かい》したディフェンスの基本姿勢《きほんしせい》をとる

POINT

相手《あいて》が動《うご》く方向《ほうこう》の足《あし》を横《よこ》に動《うご》かす

低《ひく》い姿勢《しせい》のまま横《よこ》に動《うご》くステップ

たとえ相手《あいて》がドリブルして動《うご》いても、前《まえ》のページで紹介《しょうかい》した基本姿勢《きほんしせい》をできるだけくずさないようにします。相手《あいて》をゴールへと近《ちか》づかせないために低《ひく》い姿勢《しせい》のまま横《よこ》に動《うご》くステップを「サイドステップ」と言《い》います。

ディフェンスのきほんとしてもうひとつ大事《だいじ》なのは、ボールを持《も》つ相手《あいて》に対《たい》して腕一本《うでいっぽん》くらいの距離《きょり》を保《たも》つこと。つまりサイドステップで基本姿勢《きほんしせい》をとりながら、腕一本《うでいっぽん》くらいの距離《きょり》で守《まも》り続《つづ》けるということです。このようなディフェンスがボールを持《も》つ相手《あいて》をイヤがらせるのです。

▶逆《ぎゃく》の足《あい》も同《おな》じように動《うご》かす

POINT

ディフェンスの基本姿勢《きほんしせい》がくずれないように

▶サイドステップを続《つづ》けつつ、ディフェンスの基本姿勢《きほんしせい》もくずれないようにする

ワンポイントアドバイス

逆足《ぎゃくあし》も同《おな》じ歩幅《ほはば》

進《すす》む方向《ほうこう》の足《あし》が動《うご》いたのと同《おな》じ距《きょ》離《り》だけ、逆《ぎゃく》の足《あし》を動《うご》かそう。そうすることで両足《りょうあし》がしっかりと開《ひら》いた、ディフェンスの基本姿勢《きほんしせい》をとり続《つづ》けることができる

両足《りょうあし》が閉《と》じている

サイドステップで移動《いどう》しているときに両《りょう》足《あし》を閉《と》じてしまうと、姿勢《しせい》が高《たか》くなり、ディフェンスの基本姿勢《きほんしせい》がくずれてしまう。このスキを相手《あいて》につかれてドリブルで抜《ぬ》かれないように注意《ちゅうい》しよう

相手《あいて》のスピードについていこう

相手《あいて》に抜《ぬ》かれそうなときに使《つか》えるフットワークを紹介《しょうかい》します。サイドステップとこのクロスステップを使《つか》い分《わ》けましょう。

POINT

ボールや相手《あいて》の動《うご》きから目《め》を離《はな》さない

▲ディフェンスの基本姿勢《きほんしせい》をとる

走《はし》りながらボールや相手《あいて》の動《うご》きから目《め》を離《はな》さない

ボールを持《も》つ相手《あいて》がドリブルのスピードを速《はや》めたときは、抜《ぬ》かれてしまうこともあります。そんなときに使《つか》ってほしいのが「クロスステップ」です。足《あし》の動《うご》きは走《はし》るのとほぼ同《おな》じですが、このクロスステップはボールや相手《あいて》の動《うご》きから目《め》を離《はな》さないことが大切《たいせつ》です。

相手《あいて》にドリブルで抜《ぬ》かれそうになっているにもかかわらず、サイドステップ（前《まえ》のページ）を続《つづ》けているとシュートを打《う》たれてしまうので、このクロスステップに切《き》り替《か》える必要《ひつよう》があります。

ワンポイントアドバイス

追《お》いついたらサイドステップ

クロスステップで相手《あいて》のスピードについていきつつ、追《お》いついたらまたサイドステップに切《き》り替《か》えることがポイント。相手《あいて》がゆっくりとドリブルしているのに足《あし》をクロスさせたら、そのあいだに抜《ぬ》かれてしまう

▲できるだけ低《ひく》い姿勢《しせい》をとりながら、相手《あいて》についていこう

▲相手《あいて》にドリブルで抜《ぬ》かれそうなときは、足《あし》をクロスさせる

からだが流《なが》れている

クロスステップからサイドステップへと切《き》り替《か》えるとき、動《うご》く勢《いきお》いを止《と》められずにからだが流《なが》れてしまう子《こ》が多《おお》いので気《き》をつけよう

ファウルに気《き》をつけてボールをとろう

相手《あいて》からボールをとるディフェンスを覚《おぼ》えましょう。ただし、試合《しあい》では気《き》をつけなければならないことがあります。

相手《あいて》がドリブルをはじめたときや、まわりを見《み》まわしているスキをついてボールに触《さわ》る

相手《あいて》の得点《とくてん》チャンスをなくし逆《ぎゃく》に自分《じぶん》たちが攻撃《こうげき》できる

ボールを持《も》つ相手《あいて》から、ボールをとるディフェンスのことを「スティール」と言《い》います。相手《あいて》の得点《とくてん》チャンスをなくし、逆《ぎゃく》に自分《じぶん》たちが攻撃《こうげき》できるだけにスティールを狙《ねら》いたくなります。その積極性《せっきょくせい》は大事《だいじ》にしつつ、気《き》をつけなければならないことがあります。それはファウルです（１２４ページでも説明《せつめい》します）。

ボールを触《さわ》ろうとすると、どうしても相手《あいて》の手《て》やからだに触《ふ》れてしまいがちです。それが審判《しんぱん》にファウルと判定《はんてい》されて5回《かい》くり返《かえ》すと、試合《しあい》に出《で》られなくなってしまうのです。

POINT

相手《あいて》の手《て》や からだに触《ふ》れず、ボールをはじく

▶自分《じぶん》のボールにできれば、スティールの成功《せいこう》

手《て》を伸《の》ばしすぎる

スティールでは、相手《あいて》の手《て》やからだに触《ふ》れてファウルにならないように気《き》をつけなくてはいけないが、もうひとつ注意《ちゅうい》してほしいのは、ディフェンスの基本姿勢《きほんしせい》をくずさないこと。ボールをとろうとするあまり、手《て》を伸《の》ばしすぎるとからだのバランスがくずれ、ボールを持《も》つ相手《あいて》にドリブルで抜《ぬ》かれる。基本姿勢《きほんしせい》がくずれないように適度《てきど》に手《て》を伸《の》ばしてスティールしよう

相手《あいて》のシュートの邪魔《じゃま》をしよう

相手《あいて》のシュートを見《み》ているだけでは、決《き》められてしまいます。最後《さいご》まであきらめずに手《て》を伸《の》ばしましょう。

▲ボールを上《あ》げていく相手《あいて》の動《うご》きに合《あ》わせて、自分《じぶん》の手《て》を上《あ》げていく

▲シュートを打《う》とうとする相手《あいて》の動《うご》きをよく見《み》る

手《て》を伸《の》ばして邪魔《じゃま》するだけで相手《あいて》はシュートを決《き》めにくい

シュートを打《う》とうとする相手《あいて》に対《たい》して、ディフェンスが手《て》を伸《の》ばして邪魔《じゃま》することを「シュートチェック」または「シュートブロック」と言《い》います。

相手《あいて》のボールに触《さわ》ってシュートさせないことを目指《めざ》しますが、前《ぜん》ページのスティールと同様《どうよう》に、ボールを触《さわ》ろうとしすぎるとファウルになるので注意《ちゅうい》です。たとえボールに触《さわ》れなくても、手《て》を伸《の》ばして邪魔《じゃま》するだけで相手《あいて》はシュートを決《き》めにくいもの。また、シュートを打《う》つふりをしてドリブルで抜《ぬ》いてくる相手《あいて》もいるので、その動《うご》きに引《ひ》っかからないように！（１３６ページで説明《せつめい》）

▲相手《あいて》の手《て》やからだに触《さわ》らないように気《き》をつけながら、ボールに触《さわ》る

▲腕《うで》を伸《の》ばして相手《あいて》のシュートの邪魔《じゃま》をする

ボールを叩《たた》きにいく

『相手《あいて》にシュートを打《う》たせない』という強《つよ》い気持《きも》ちは大切《たいせつ》だが、その思《おも》いばかりが強《つよ》すぎてボールを叩《たた》こうとする子《こ》をよく見《い》かける。このようなディフェンスだとファウルをとられることが多《おお》いので注意《ちゅうい》しよう

シュートミスのボールを自分《じぶん》のものにしよう

いいディフェンスでボールを持《も》つ相手《あいて》を苦《くる》しめ、シュートをミスさせる。そのがんばりがムダにならないために、大事《だいじ》にしてほしいことがあります。

[スクリーンアウト]

リバウンドに入《はい》る選手《せんしゅ》が、腰《こし》を落《お》とした低《ひく》い姿勢《しせい》でからだを使《つか》ってブロックし、相手《あいて》を外側《そとがわ》に押《お》し出《だ》し、ゴールへと近《ちか》づかせないようにすること

▼シュートを打《う》たれたとき、ディフェンスはスクリーンアウトをして、相手《あいて》をゴールに近《ちか》づかせないようにかまえる

リバウンドを制《せい》するものはゲームを制《せい》する！

ディフェンスをがんばることによって、相手《あいて》はシュートを打《う》ちづらくなります。するとシュートが入《はい》らず、バックボードやリングにぶつかってコートにはね返《かえ》ってきます。これを「リバウンド」と言《い》います。『リバウンドを制《せい》するものはゲームを制《せい》する』と言《い》われるくらい大事《だいじ》なプレーですが、ディフェンス面《めん》で大《たい》切《せつ》なことは相手《あいて》をゴールへと近《ちか》づかせない「スクリーンアウト」というかまえです。このスクリーンアウトをさぼり、相手《あいて》をゴールに近《ちか》づかせるとリバウンドをとられてしまうのです。

ワンポイントアドバイス

ボールはからだの中心《ちゅうしん》に持《も》っていく

片手《かたて》でボールを触《さわ》ったあとは、ボールを巻《ま》きこむようにして自分《じぶん》のからだの中心《ちゅうしん》に力強《ちからづよ》く持《も》ってこよう。両手《りょうて》だと高《たか》さが出《で》ず、リバウンドをとってもその力《ちから》が弱《よわ》いと相手《あいて》にボールをはじかれてしまう

▼自分《じぶん》の前《まえ》にボールが落《お》ちてきたら、ジャンプしてできるだけ高《たか》いところで先《さき》に片手《かたて》で触《さわ》る

▼ボールを力強《ちからづよ》く引《ひ》きつけて、両手《りょうて》でがっちりとつかみ、自分《じぶん》たちのボールにする

スクリーンアウトができていない

リバウンドをとりにいく前《まえ》に、まずは相手《あいて》をゴールに近《ちか》づかせない「スクリーンアウト」を忘《わす》れないように！　それをやらないと相手《あいて》を見《み》失《うし》ない、オフェンス（攻撃側《こうげきがわ》）にリバウンドをとられてしまうので気《き》をつけよう

コラム③
ルールを少《すこ》しずつ覚《おぼ》えよう

これをやると
相手《あいて》のボールになってしまうゾ！

バスケットボールには「規則違反《きそくいはん》」があります。それは大《おお》きくふたつに分《わ》けられます。相手《あいて》とぶつからない規則違反《きそくいはん》「ヴァイオレーション」と、相手《あいて》とぶつかったときの規則違反《きそくいはん》「ファウル」です。それぞれどのようなものがあるか、試合《しあい》でよく見《み》られるものから少《すこ》しずつ覚《おぼ》えていきましょう。

●ヴァイオレーション

●ドリブルを終《お》えて一度《いちど》ボールを持《も》ったあと、2度目《どめ》のドリブルをすること

●ボールを持《も》ったまま3歩以上動《ほいじょううご》くこと

●パスしたところに仲間《なかま》がおらず、ボールがラインの外《そと》に出《で》てしまうこと

●5秒間《びょうかん》、シュートやドリブルやパスをせずにボールを持《も》ち続《つづ》けること

●制限時間内《せいげんじかんない》に攻撃《こうげき》をしないこと

●ラインを踏《ふ》んだまま、フリースローやスローインを行《おこな》うこと

●ファウル

●相手《あいて》がシュートを打《う》つとき、相手《あいて》の手《て》やからだに触《さわ》ること

●ドリブルする相手《あいて》をおさえたり、つかんだりすること

●リバウンドのときなどに、相手《あいて》を押《お》すこと

●ボールを持《も》っているほうが、止《と》まっているディフェンスにぶつかっていくこと（攻《こう》撃側《げきがわ》のファウル）

このようなファウルやヴァイオレーションをすると相手《あいて》のボールになってしまいますし、とくにファウルを1人《ひとり》で5回《かい》やると退場《たいじょう》となり、その試合《しあい》に出《で》られなくなってしまうので気《き》をつけてください。

このほかにもいろいろなルールがありますが、バスケットボールを楽《たの》しみながら少《すこ》しずつ覚《おぼ》えていくといいでしょう！

第《だい》7章《しょう》

練習《れんしゅう》を試合《しあい》に近《ちか》づけよう

ゴールから遠《とお》い場所《ばしょ》の1対《たい》1

相手《あいて》との距離《きょり》に気《き》をつけよう

練習《れんしゅう》で覚《おぼ》えたことを試合《しあい》で使《つか》えるようにするために、相手《あいて》をつけて試《ため》してみましょう。これを「1対《たい》1」といいます。

ボールを持《も》つ子《こ》に対《たい》してディフェンスが1人《ひとり》つく

ここまでに紹介《しょうかい》したシュートやドリブル、そしてディフェンスの動《うご》きを、じっさいに相手《あいて》をつけて試《ため》してみましょう。ボールを持《も》つ子《こ》に対《たい》して、ディフェンスが1人《ひとり》つくことを「1対《たい》1」といいます。バスケットボールの試合《しあい》は、各《かく》チーム5人《にん》と5人《にん》で行《おこな》われますが、この「1対《たい》1」で強《つよ》くなることがとても大切《たいせつ》です。「1対《たい》1」は大《おお》きくふたつに分《わ》けられます。ひとつ目《め》は「ゴールから遠《とお》い場所《ばしょ》の1対《たい》1」。このときはお互《たが》いにどういう距離《きょり》でプレーするか、そして「コースのとり合《あ》い」がポイントになります。

[ボールを持《も》つ子《こ》]

まずはゴールを見《み》て、シュートを狙《ねら》うことが大切《たいせつ》。ディフェンスが遠《とお》ければシュート、ディフェンスが近《ちか》づけばドリブルと、プレーを正《ただ》しく判断《はんだん》しよう。ディフェンスを怖《こわ》がって、パスを出《だ》すことばかり考《かんが》えないように気《き》をつけよう

[ディフェンス]

ボールを持《も》つ子《こ》から遠《とお》くにいるとシュートを打《う》たれてしまう。逆《ぎゃく》に距離《きょり》が近《ちか》すぎるとドリブルで抜《ぬ》かれてしまう。ちょうどいいのは腕《うで》を伸《の》ばしたときに相手《あいて》のボールを触《さわ》れる距《きょ》離《り》。この腕一本《うでいっぽん》くらいの距離《きょり》をきほんにディフェンスする

ワンポイントアドバイス

ポイントはゴールへの最短《さいたん》コース！

「1対《たい》1」では相手《あいて》との距離《きょり》に加《くわ》え、「コースのとり合《あ》い」で勝《か》たなくてはいけない。ボールを持《も》つ子《こ》は、ゴールへの最短《さいたん》コースを狙《ねら》い、ディフェンスはそのコースをおさえるということ。だから、ボールを持《も》つ子《こ》の後《うし》ろからゴールを写《うつ》した写真《しゃしん》（よい例《れい》）では、ディフェンスがコースに入《はい》っているため見《み》えにくい

ゴールへのコースをあけている

ボールを持《も》つ子《こ》の後《うし》ろからゴールを写《うつ》した写真《しゃしん》でディフェンスが見《み》えるようだと、ドリブルで簡単《かんたん》に抜《ぬ》かれてしまうので注意《ちゅうい》しよう

得点《とくてん》するコツ 1

スピードの変化《へんか》で抜《ぬ》こう

走《はし》るのが遅《おそ》いからドリブルで抜《ぬ》けない……。そう思《おも》っている子《こ》も自分《じぶん》のスピードを生《い》かす方法《ほうほう》があります。

ワンポイントアドバイス

ドリブルに変化《へんか》をつける

ドリブルのスピードに変化《へんか》をつけるときは、ボールをつく高《たか》さを変《か》えることも大事《だいじ》なポイント。高《たか》いドリブルでゆっくりとボールをつきながら、いきなり低《ひく》いドリブルでスピードアップすることによって、ディフェンスを抜《ぬ》きやすくなる。80ページで触《ふ》れた「高《たか》くついたり低《ひく》くついたりする」ドリブルの練習《れんしゅう》は、この1対《たい》1にも生《い》かされる

▲ディフェンスのスキをつき、すばやくボールをつく

▲ディフェンスをよく見《み》て、ゆっくりとボールをつく

いつもすばやいドリブルだと相手《あいて》がスピードに慣《な》れる

スピードに乗《の》ったすばやいドリブルは、攻撃《こうげき》をするうえで大《おお》きな武器《ぶき》になります。自分《じぶん》のコートから相手《あいて》のコートにボールを動《うご》かすときや、相手《あいて》を抜《ぬ》いてゴールの近《ちか》くからシュートを決《き》めるときにも使《つか》えます。

でも、いつもすばやいドリブルばかりしていると相手《あいて》がスピードに慣《な》れてしまい、ドリブルで抜《ぬ》くことが難《むずか》しくなることがあります。そこで、ゆっくりとしたドリブルからいきなり速《はや》くして「スピードの変化《へんか》」をつけるのです。たとえ走《はし》るのが速《はや》くない子《こ》も自分《じぶん》のスピードを生《い》かすことができます。

▲ドリブルのスピードをコントロールしながら、シュートやパスにつなげる

▲スピードに変化《へんか》をつけることによって、ディフェンスを抜《ぬ》くことができる

得点《とくてん》するコツ 2

左右《さゆう》のフェイクを使《つか》おう

**ディフェンスに進《すす》むコースを止《と》められても
あきらめてはいけません。
その動《うご》きを利用《りよう》しながら相手《あいて》をだますのです。**

ワンポイントアドバイス

横《よこ》からゴールに向《む》かうとシュートが打《う》ちやすい

この写真《しゃしん》は、ディフェンスをコートの中央《ちゅうおう》から抜《ぬ》くふりをして、横《よこ》からゴールに向《む》かっていく格好《かっこう》になっている。ぜひ、このドリブルを覚《おぼ》えよう。なぜならコートの中央《ちゅうおう》から相手《あいて》を抜《ぬ》いても、ゴール近《ちか》くに大《おお》きなディフェンスがいてシュートが難《むずか》しいときが多《おお》いから。それにくらべて横《よこ》からゴールへと向《む》かったほうがシュートを打《う》ちやすい

▲まっすぐ進《すす》むコースにディフェンスが入《はい》って、止《と》めようとする

▲ドリブルのスピードに変化《へんか》をつけながら、ディフェンスを抜《ぬ》こうとする

ボールを左右《さゆう》に動《うご》かして逆側《ぎゃくがわ》から抜《ぬ》く

スピードに変化《へんか》をつけながらドリブルで抜《ぬ》こうとすると、ディフェンスはスピード変化《へんか》に慣《な》れてきます。そこで今度《こんど》はドリブルで抜《ぬ》くふりをして、ボールを左右《さゆう》に動《うご》かして逆側《ぎゃくがわ》から抜《ぬ》くこともできます。このように相手《あいて》をだます動《うご》きや駆《か》け引《ひ》きのことを「フェイク」と言《い》います。

からだ全体《ぜんたい》の動《うご》きで相手《あいて》をだますだけでなく、顔《かお》の動《うご》きや目《め》の動《うご》きだけでディフェンスをだますこともできますし、上手《じょうず》になるとボールの動《うご》きで相手《あいて》をだますことができるようになります。いろいろなフェイクを試《ため》しましょう。

▼まっすぐ進《すす》むふりをして、逆側《ぎゃくがわ》にボールを動《うご》かす

▼ディフェンスをだまして逆《ぎゃく》をつくことができれば、ドリブルで抜《ぬ》くことができる

ゴールに近《ちか》い場所《ばしょ》の1対《たい》1

ゴールやディフェンスを背《せ》に

ゴールや相手《あいて》を正面《しょうめん》にして行《おこな》う1対《たい》1だけでなく、それらを背《せ》にしながら行《おこな》う1対《たい》1もあります。

ゴール近《ちか》くでは相手《あいて》が警戒《けいかい》して守《まも》る

前《まえ》のページまでは「ゴールから遠《とお》い場所《ばしょ》の1対《たい》1」でしたが、もうひとつあります。それは「ゴールに近《ちか》い場所《ばしょ》の1対《たい》1」です。

遠《とお》いところからシュートを打《う》つより、ゴールの近《ちか》くからシュートを打《う》ったほうが確実《かくじつ》に決《き》まりますよね。それだけに相手《あいて》も警戒《けいかい》して、からだをくっつけるようにディフェンスしようとします。するとボールを持《も》つ子《こ》は、ゴールやディフェンスを背《せ》にするような格好《かっこう》から1対《たい》1をすることになります。これは「ポストプレー」とも呼《よ》ばれています。

[ボールを持《も》つ子《こ》]

しっかりとヒザを曲《ま》げて両足《りょうあし》を開《ひら》き、低《ひく》い姿勢《しせい》をとる。そうすることでディフェンスとぶつかっても自分《じぶん》がやりたいプレーをすることができる。ただしゴール前《まえ》に引《ひ》かれている四角《しかく》のライン（制限区域《せいげんくいき》）のなかに3秒以上《びょういじょう》いると相手《あいて》のボールになってしまうので気《き》をつけよう

[ディフェンス]

ボールを持《も》つ子《こ》とぶつかり合《あ》いながら、ゴールへと近《ちか》づかせないようにする。とくに相手《あいて》がすごく上手《じょうず》だったり、大《おお》きな子《こ》の場合《ばあい》は、ボールを持《も》たせないようなディフェンスをすることが大切《たいせつ》

ワンポイントアドバイス

相手《あいて》とぶつかり合《あ》うこともある

バスケットボールのルール上《じょう》は、お互《たが》いに触《ふ》れ合《あ》うことが禁《きん》じられている。でも試合《しあい》になると、お互《たが》いがぶつかり合《あ》うシーンがよく見《み》られる。とくにゴールに近《ちか》い場所《ばしょ》では、ポジションどりが激《はげ》しくなるだけにぶつかり合《あ》うケースが多《おお》くなる。それをイヤがっていたら1対《たい》1で勝《か》てないので、相手《あいて》とぶつかり合《あ》うことに慣《な》れないといけない

得点《とくてん》するコツ
3

ステップインを身《み》につけよう

**「ゴールに近《ちか》い場所《ばしょ》の1対《たい》1」で、
確実《かくじつ》に得点《とくてん》できる
テクニックを紹介《しょうかい》しましょう。**

▼ポストプレーからシュートを打《う》つタイミングをはかる

▲ゴールの近《ちか》くから確実《かくじつ》にシュートを決《き》める

相手《あいて》の横《よこ》をすり抜《ぬ》けるようにしてステップを踏《ふ》んでゴールに近《ちか》づく

ポストプレーでパスを受《う》けたあと、ゴール方向《ほうこう》にステップを踏《ふ》んでシュートを打《う》つことを「ステップイン」と言《い》います。ゴールに近《ちか》づかせないようにディフェンスする相手《あいて》の横《よこ》を、すり抜《ぬ》けるようにしてステップを踏《ふ》み、確実《かくじつ》に得点《とくてん》するわけです。

このとき、ステップを踏《ふ》む足《あし》とは逆《ぎゃく》の足《あし》を「軸足《じくあし》」（写真《しゃしん》では右足《みぎあし》）と言《い》います。この足《あし》を床《ゆか》から離《はな》さずステップインすることがとても大切《たいせつ》です。また、左右《さゆう》どちらの足《あし》が軸足《じくあし》でもステップインできるようになりましょう。それにより相手《あいて》は守《まも》りづらくなります。

3歩《ぼ》以上《いじょう》歩《ある》く

ステップインしようとしたときに、ゴールのない方向《ほうこう》にステップを踏《ふ》むとからだのバランスがくずれ、シュートが難《むずか》しくなるので注意《ちゅうい》しよう。さらにもうひとつ。3歩《ぼ》以上《いじょう》歩《ある》いてしまい、相手《あいて》ボールになってしまうミスもよく見《み》られる。ボールを持《も》ってから、「1、2」のステップでシュートを打《う》つことを心《こころ》がけよう

▲ディフェンスの横《よこ》をすり抜《ぬ》けるようにステップインする

得点《とくてん》するコツ 4

シュートフェイクでだまそう

**シュートを警戒《けいかい》するディフェンスを、
シュートを打《う》つそぶりでだましましょう。
そこから確実《かくじつ》なシュートにつなげます。**

▼シュートを打《う》つそぶりをディフェンスに見《み》せると、シュートチェックしようとする

▼ゴール近《ちか》くでポストプレーをする

同《おな》じフェイクを何度《なんど》も使《つか》う

相手《あいて》を上下《じょうげ》に揺《ゆ》さぶるこのシュートフェイクはとても使《つか》えるが、だからといって何度《なんど》も使《つか》ってはいけない。相手《あいて》に読《よ》まれて、だまされなくなってしまうから。また、フェイクの動《うご》きを工夫《くふう》しよう。次《つぎ》の動《うご》きへとすばやく、切《き》り替《か》えることが難《むずか》しくなるので、からだやボールを大《おお》きく動《うご》かせばいいわけではない。からだとボールをほんの少《すこ》し動《うご》かすだけで、相手《あいて》をだますことができる

相手《あいて》の動《うご》きをよく見《み》て打《う》たず次《つぎ》のプレーを選《えら》ぶ

「1対《たい》1」でとてもよく使《つか》えるのがシュートを打《う》つそぶりを相手《あいて》に見《み》せる「シュートフェイク」です。シュートを打《う》とうとすると相手《あいて》ディフェンスはからだや腕《うで》を伸《の》ばしてシュートチェックしようとします。そこで相《あい》手《て》の動《うご》きをよく見《み》てシュートを打《う》たず、次《つぎ》のプレーを選《えら》ぶのです。

前《まえ》のページのプレーで言《い》えば、シュートフェイクを見《み》せてからステップインすることによって、より確実《かくじつ》なシュートを打《う》つことができます。さらにゴールから遠《とお》い場所《ばしょ》では、シュートフェイクから相手《あいて》を抜《ぬ》きやすくなります。

ディフェンスの横《よこ》を
すり抜《ぬ》けるようにステップイン

得点《とくてん》するコツ
5

フックシュートを覚《おぼ》えよう

大《おお》きな相手《あいて》が目《め》の前《まえ》にいるからといって
シュートをあきらめてはいけません。
小《ちい》さな選手《せんしゅ》にも希望《きぼう》を持《も》たせてくれるテクニックを
紹介《しょうかい》しましよう。

▼自分《じぶん》より大《おお》きな相手《あいて》と1対《たい》1をする

ワンポイントアドバイス

フックシュートは使《つか》いすぎに注意《ちゅうい》！

フックシュートが決《き》まるようになるには、108ページで触《ふ》れたフックパスと同《おな》じように、片手《かたて》でボールを扱《あつか》う感覚《かんかく》を高《たか》める練習《れんしゅう》をおすすめする。ただ、いくら練習《れんしゅう》を重《かさ》ねても、このフックシュートは難《むずか》しいということを忘《わす》れないように。つまり、相《あい》手《て》が大《おお》きいからといって、使《つか》いすぎないほうがいいということ。できればステップインに切《き》り替《か》えてゴールに近《ちか》づいたほうが、シュートの確率《かくりつ》は高《たか》まる。また、そのほうが相手《あいて》からファウルを受《う》けてフリースローのチャンスを手《て》にできる。ゴールへと向《む》かう姿勢《しせい》を忘《わす》れないようにして、タイミングよくフックシュートを使《つか》おう！

ゴールや相手《あいて》に対《たい》して横向《よこむ》きでフワリと上《あ》げて打《う》つシュート

ゴールの近《ちか》くからシュートを打《う》とうとしたとき、目《め》の前《まえ》に自分《じぶん》より大《おお》きな相手《あいて》がいたらシュートを決《き》めるのが難《むずか》しくなります。シュートチェックされてしまうからですが、そういうときに使《つか》ってほしいのが「フックシュート」です。

このフックシュートは、ゴールや相手《あいて》に対《たい》して横向《よこむ》きになり、片手《かたて》でボールをフワリと上《あ》げて打《う》つシュートです。横向《よこむ》きになることで自分《じぶん》のからだの幅《はば》を利用《りよう》して、ボールを相手《あいて》から遠《とお》ざけて扱《あつか》えるだけに、シュートチェックを避《さ》けられるというわけです。

自分《じぶん》のからだをゴールや相手《あいて》に対《たい》して横《よこ》向《む》きにする
「1、2」のステップを踏《ふ》み、片手《かたて》でシュートを打《う》つ

▲ボールをフワリと上《あ》げることによって、大《おお》きな相《あい》手《て》もシュートチェックができない

バスケット用語集《ようごしゅう》

〈さくいん〉

ア

1対《たい》1 …… 126・128・132・133・134・137・138
ボールを持《も》つ人《ひと》に対《たい》して、ディフェンスが1人《ひとり》つくこと

ヴァイオレーション …… 124
相手《あいて》とぶつからない規則違反《きそくいはん》

オーバーヘッドパス …… 104・105
頭《あたま》の上《うえ》から出《だ》すパス

オープンステップ …… 106・107
右足《みぎあし》を右側《みぎがわ》に、左足《ひだりあし》を左側《ひだりがわ》に踏《ふ》みこむこと

オフェンスリバウンド …… 123
攻撃側《こうげきがわ》がリバウンドをとること。ディフェンス側《がわ》がとるとディフェンスリバウンド

カ

クロスステップ …… 106・107・116・117
右足《みぎあし》を左側《ひだりがわ》に、左足《ひだりあし》を右側《みぎがわ》に踏《ふ》みこむこと。または相手《あいて》のスピードについていくディフェンスのステップ

コントロールドリブル …… 66
相手《あいて》にとられないドリブルのきほん

サ

サイドキック …… 72・73
逆《ぎゃく》の方向《ほうこう》に大《おお》きく移動《いどう》すること

サイドステップ …… 114・115・116・117
低《ひく》い姿勢《しせい》のまま横《よこ》に動《うご》くステップ

軸足《じくあし》 …… 106・135
ボールを持《も》っているとき、床《ゆか》につけておくほうの足《あし》

シュートタッチ …… 53・55
シュートを打《う》つときの感覚《かんかく》

シュートチェック …… 120・136・137・139
手《て》を伸《の》ばして相手《あいて》のシュートの邪魔《じゃま》をすること。「シュートブロック」とも言《い》う

シュートフェイク …… 136・137
シュートを打《う》つそぶりを見《み》せて相手《あいて》をだますこと

ショルダーパス …… 104・105
片手《かたて》で遠《とお》くに投《な》げるパス

スクリーンアウト …… 122・123
リバウンドのとき、相手《あいて》をゴールに近《ちか》づかせないこと

スティール …… 118・119・120
相手《あいて》からボールをとること

ステップイン …… 134・135・137・138
ゴール方向《ほうこう》にステップを踏《ふ》んでシュートを打《う》つこと

ストレッチ …… 31
からだをほぐす準備運動《じゅんびうんどう》

制限区域《せいげんくいき》 …… 132
ゴール前《まえ》に引《ひ》かれている四角《しかく》のライン

センターサークル …… 38・94・95
コートの中央《ちゅうおう》に引《ひ》かれている円形《えんけい》のライン

センターライン …… 38・42・43
コートをふたつに分《わ》ける中央《ちゅうおう》のライン

タ

タップ …… 16・17
ボールをはじくこと

ダブルドリブル …… 83・88
ドリブルを止《と》めたあと、またドリブルする規則違反《きそくいはん》

チェストパス……100・102・105・110
自分《じぶん》の胸《むね》から相手《あいて》の胸《むね》に出《だ》すパス

トラベリング……106
ボールを持《も》って3歩以上歩《ぼいじょうある》く規則違反《きそくいはん》

ハ

バウンスパス……102・103・105・107・110
床《ゆか》に一度《いちど》バウンドさせるパス

バックシュート……60・61
背後《はいご》のゴールに向《む》かって打《う》つシュート

バックスピン……16
逆回転《ぎゃくかいてん》。前《まえ》にはずませたとき、自分《じぶん》のほうにボールが戻《もど》ってくる回転《かいてん》のこと

バックターンドリブル……86・87
ボールを引《ひ》きながらからだをターンさせて、手《て》を変《か》えながら逆方向《ぎゃくほうこう》へと進《すす》むドリブル

バックビハインドドリブル……90・91
からだの後《うし》ろでボールを左右《さゆう》に動《うご》かし、ななめ前《まえ》にボールをつき出《だ》すドリブル

バックボード……48・49・50・51・56・60・61・122
ゴールにつけられている板《いた》

ファウル……52・54・118・119・120・121・124・138
相手《あいて》にぶつかる規則違反《きそくいはん》

フェイク……41・130・131・136・137
相手《あいて》をだます動《うご》き

フックシュート……108・138・139
相手《あいて》に対《たい》して横向《よこむ》きになって、腕《うで》をいっぱいに伸《の》ばして片手《かたて》で打《う》つシュート

フックパス……108・138
相手《あいて》に対《たい》して横向《よこむ》きになって、腕《うで》をいっぱいに伸《の》ばして片手《かたて》で出《だ》すパス

フットワーク……42・106・114・116
両足《りょうあし》の動《うご》かし方《かた》

フリースロー……52・54・124・138
相手《あいて》がファウルしたときにもらえるシュートチャンス

フロントチェンジドリブル……85
からだの前《まえ》でボールを左右《さゆう》に動《うご》かすドリブル

ベースライン……43
ゴール下《した》に引《ひ》かれている両端《りょうはし》のライン。コートの両《りょう》サイドに引《ひ》かれているのはサイドライン

ポストプレー……132・134・135・136
ゴールや相手《あいて》を背《せ》にしながら攻撃《こうげき》すること

ボールタッチ……13・50・74・75・81
ボールに触《さわ》っているときの感覚《かんかく》

ラ

ランニングシュート……56
走《はし》りながら勢《いきお》いをつけてジャンプして打《う》つシュート

ランニングパス……110
走《はし》りながら行《おこな》うパス

リバウンド……17・122・123・124
シュートミスのボールをとること

ルーズボール……34
どちらのチームにも支配《しはい》されず、コートを転《ころ》がるボールのこと

レイアップシュート……56・57・58・59・60・61
ランニングシュートのひとつで、ゴール下《した》から確実《かくじつ》に決《き》めるシュート

レッグスルードリブル……92・93
両足《りょうあし》のあいだでボールを左右《さゆう》に動《うご》かすドリブル

ロールターンドリブル……86・87・88・89
ボールを引《ひ》きながらからだをターンさせて、そのまま同《おな》じ手《て》で逆方向《ぎゃくほうこう》へと進《すす》むドリブル

おわりに

　バスケットボールの楽《たの》しさを、小学生《しょうがくせい》たちがより感《かん》じやすいように工夫《くふう》されているのが「ミニバスケットボール」。つまり小学生《しょうがくせい》の子《こ》どもたちが行《おこな》う試合《しあい》です。
「ミニバスケットボール」の理念《りねん》は「友情《ゆうじょう》、ほほえみ、フェアプレー」です。つまり、仲間作《なかまづく》りやフェアプレーの精神《せいしん》を学《まな》ぶことが大切《たいせつ》です。

　中学生《ちゅうがくせい》以上《いじょう》の試合《しあい》のルールといくつか違《ちが》う点《てん》がありますが、もっとも大《おお》きなものは、最低《さいてい》10人《にん》は出場《しゅつじょう》しなければならないということ。そして1人《ひとり》の子《こ》どもが4ピリオドのうち、第《だい》1から第《だい》3ピリオドまで連続《れんぞく》して出場《しゅつじょう》できず、1人《ひとり》の子《こ》どもが1ピリオドは必《かなら》ず出場《しゅつじょう》できるルールとなっています。

　このように工夫《くふう》することでチームのなかに生《う》まれがちなわがままがおさえられ、仲間《なかま》と協力《きょうりょく》する大切《たいせつ》さをわかってもらうことができます。それとともにチームメイト同士《どうし》の仲《なか》がよくなり、思《おも》いやりの心《こころ》も育《はぐく》まれます。そしてなにより上手《じょうず》な子《こ》どもだけでなく、多《おお》くの子《こ》どもにバスケットボールの楽《たの》しさを感《かん》じてもらえるのです。

　いろいろなテクニックを身《み》につけられる楽《たの》しさ――。

　楽《たの》しみながら基礎体力《きそたいりょく》を高《たか》められる充実感《じゅうじつかん》――。

　チームという集団《しゅうだん》のなかで感《かん》じる心《こころ》の大切《たいせつ》さ――。

　本書《ほんしょ》が、バスケットボールの試合《しあい》で勝《か》つ喜《よろこ》びや、練習《れんしゅう》する楽《たの》しさを感《かん》じてもらえるきっかけになれば、うれしく思《おも》います。

西山《にしやま》 充《みつる》

著者《ちょしゃ》

西山 充（にしやま・みつる）

1955年《ねん》7月《がつ》29日《にち》生《う》まれ。中学《ちゅうがく》では野球《やきゅう》、高校《こうこう》では水泳《すいえい》、大学《だいがく》ではバスケットボールをはじめ多《た》競技《きょうぎ》に精通《せいつう》。大学《だいがく》を卒業後《そつぎょうご》は、ミニバスケットボールの指導《しどう》を開始《かいし》して以来《いらい》30年《ねん》以上《いじょう》、監督《かんとく》を務《つと》める。長房《ながふさ》ミニバスケットボールクラブなど指導《しどう》したチームを全国大会《ぜんこくたいかい》へと導《みちび》くかたわら、長《なが》きにわたり東京都《とうきょうと》ミニバスケットボール連盟《れんめい》や日本《にほん》ミニバスケットボール連盟《れんめい》の理事長《りじちょう》はじめ要職《ようしょく》に就《つ》き、バスケットボールの普及《ふきゅう》・強化《きょうか》に携《たずさ》わる。現在《げんざい》はミニバスケットボールチーム「新《しん》エアーソース高輪《たかなわ》」の監督《かんとく》、東京都ミニバスケットボール連盟副会長《れんめいふくかいちょう》として活躍中《かつやくちゅう》。

撮影協力《さつえいきょうりょく》／新《しん》エアーソース高輪《たかなわ》の選手《せんしゅ》たち

デザイン／	有限会社ライトハウス
	黄川田洋志、井上菜奈美、
	田中ひさえ、今泉明香
イラスト／	丸口洋平
写　　真／	矢野寿明
編　　集／	渡辺淳二、黄川田洋志

こどもスポーツシリーズ
やろうよミニバスケットボール

2015年 1月25日　　第1版第1刷発行
2017年 8月10日　　第1版第3刷発行

著　者／西山　充（にしやま　みつる）
発行人／池田哲雄
発行所／株式会社ベースボール・マガジン社
　　　　〒103-8482
　　　　東京都中央区日本橋浜町2-61-9 TIE浜町ビル
　　　　電話　　03-5643-3930（販売部）
　　　　　　　　03-5643-3885（出版部）
　　　　振替口座　00180-6-46620
　　　　http://www.sportsclick.jp/

印刷・製本／広研印刷株式会社

©Mitsuru Nishiyama 2015
Printed in Japan
ISBN978-4-583-10732-5　C2075

＊定価はカバーに表示してあります。
＊本書の文章、写真、図版の無断転載を禁じます。
＊本書を無断で複製する行為（コピー、スキャン、デジタルデータ化など）は、私的使用のための複製など著作権法上の限られた例外を除き、禁じられています。業務上使用する目的で上記行為を行うことは、使用範囲が内部に限られる場合であっても私的使用には該当せず、違法です。また、私的使用に該当する場合であっても、代行業者等の第三者に依頼して上記行為を行うことは違法となります。
＊落丁・乱丁が万一ございましたら、お取り替えいたします。